Nicole Sutera, Ralph Kadel

Kavango – Zambezi

Fotografien von Pietro Sutera

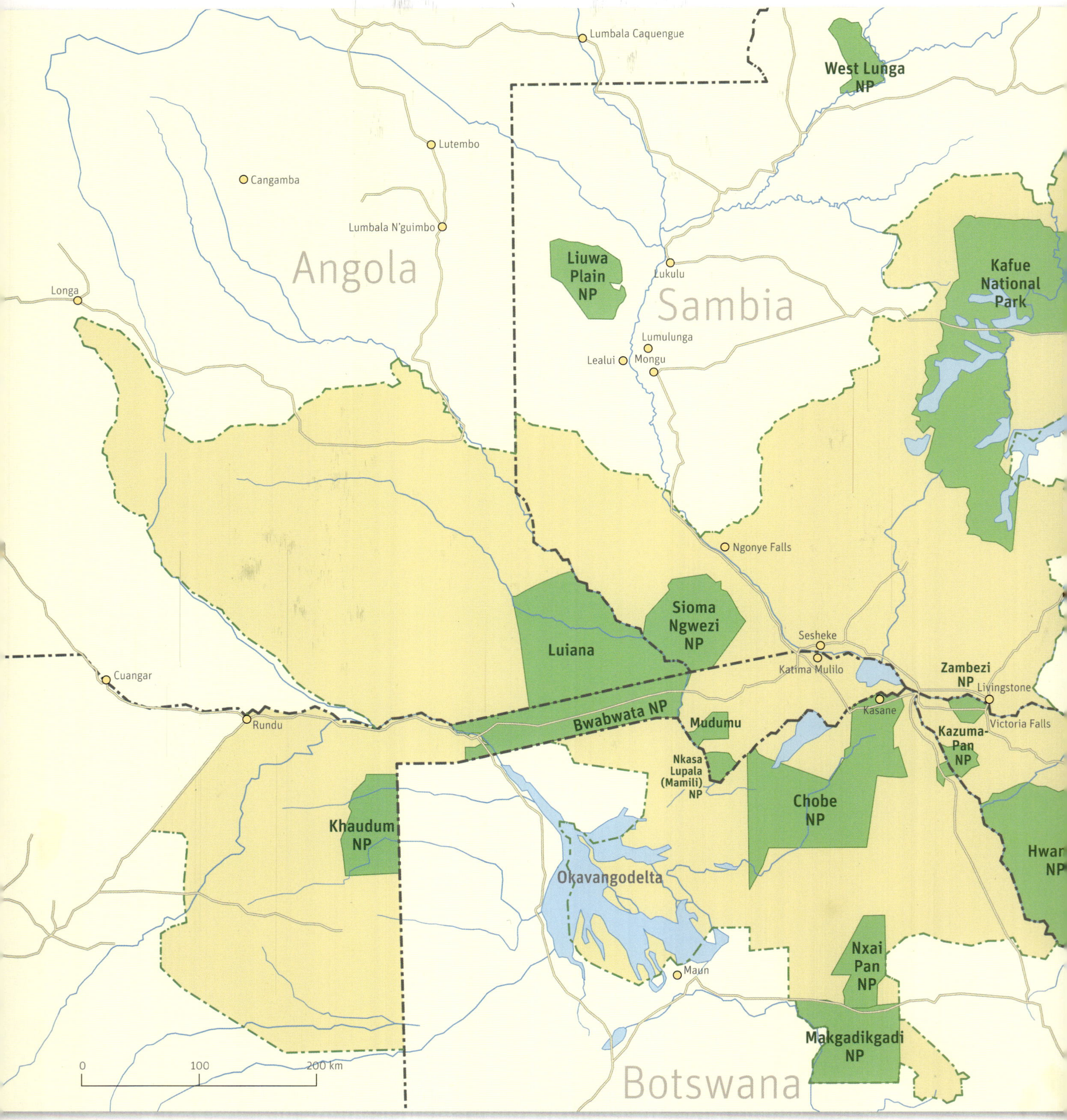
Lumbala Caquengue
West Lunga NP
Lutembo
Cangamba
Lumbala N'guimbo
Angola
Liuwa Plain NP
Lukulu
Kafue National Park
Sambia
Longa
Lumulunga
Lealui
Mongu
Ngonye Falls
Sioma Ngwezi NP
Luiana
Sesheke
Katima Mulilo
Zambezi NP
Livingstone
Cuangar
Kasane
Victoria Falls
Bwabwata NP
Rundu
Mudumu
Kazuma-Pan NP
Nkasa Lupala (Mamili) NP
Chobe NP
Khaudum NP
Okavangodelta
Hwange NP
Nxai Pan NP
Maun
Makgadikgadi NP
0
100
200 km
Botswana

Nicole Sutera, Ralph Kadel

Kavango – Zambezi

Menschen und Tiere im größten Naturpark Afrikas

Fotografien
von Pietro Sutera

Die Deutsche Nationalbibliothek verzeichnet diese Publikation
in der Deutschen Nationalbibliografie;
detaillierte bibliografische Informationen sind im Internet über
http://dnb.d-nb.de abrufbar.

Die Herausgabe des Werkes wurde durch die Vereinsmitglieder
der WBG ermöglicht.
Layout, Satz und Prepress: schreiberVIS, Bickenbach
Umschlaggestaltung: Peter Lohse, Heppenheim
Umschlagabbildung: Nilpferde © Pietro Sutera

›Grenzen frei für Dickhäuter – Afrikas größtes Schutzgebiet‹ © SWR, 2012
Lizenziert durch SWR Media Services GmbH
SWR»

Gedruckt auf säurefreiem und alterungsbeständigem Papier
Printed in Germany

Besuchen Sie uns im Internet: www.wbg-wissenverbindet.de

ISBN 978-3-534-25519-1

Elektronisch sind folgende Ausgaben erhältlich:
eBook (PDF): 978-3-534-73246-3
eBook (epub): 978-3-534-73247-0

Inhalt

Einleitung

Eine fast unvorstellbare geschätzte Viertelmillion Elefanten leben in der Region um die Einzugsgebiete der Flüsse Okavango und Sambesi. Das ist die größte Elefantenpopulation Afrikas. Mehr als 120 000 von ihnen leben im Norden Botswanas, obwohl die Dickhäuter hier einst am Rande der Ausrottung standen. Dieser eigentliche Erfolg stellt das Land mittlerweile vor ernsthafte Probleme, denn die hohe Elefantendichte führt zu Konflikten mit der Bevölkerung und bedroht Flora und Fauna. Historisch wurde im südlichen Afrika solchen Überbeständen an Wildtieren mit gezielten Tötungsaktionen begegnet. Gegenwärtig gehen fünf Länder im südlichen Afrika einen neuen, aufsehenerregenden Weg. Sie eröffnen den Wildtieren eine Erweiterung ihrer Lebensräume und geben ihnen die Möglichkeit, ihre traditionellen Migrationen über die Staatsgrenzen hinweg wieder aufzunehmen. Am 15. März 2012 lancierten Angola, Botswana, Namibia, Sambia und Simbabwe den größten Naturpark Afrikas namens KAZA (Kavango Zambezi Transfrontier Conservation Area). Die in Afrika bereits bewährte Idee des Peace Parks erreicht somit auf einer Fläche von der Größe Schwedens eine neue Dimension. Dutzende Naturschutzgebiete der fünf Länder verbindet KAZA zu einem einzigartigen Areal der Artenvielfalt, das auch mit spektakulären Naturwundern wie den Viktoriafällen und dem Okavangodelta aufwartet. Nicht nur für den Naturschutz, sondern auch für die lokale, überwiegend ländliche Bevölkerung – etwa 2,5 Millionen Menschen – ist KAZA von erheblicher Tragweite. Noch lebt ein bedeutender Anteil von ihnen von der Subsistenzlandwirtschaft. Doch als erstklassiges Ziel für den Tourismus sorgt das Gebiet bereits für Arbeitsplätze und neue Einkommensquellen und bietet somit einen Ansatz der regionalen wirtschaftlichen Entwicklung. Der Naturpark KAZA ist damit ein Vorhaben zum Wohle des Menschen und zugleich für den Naturschutz. Es wäre zu kurz gegriffen, KAZA nur unter einem dieser Aspekte zu sehen. Daher umfasst der vorliegende Bildband sowohl ausdrucksstarke Fotografien von der Bevölkerung und ihrer Lebensweise als auch fotografische Eindrücke von der Landschaft und der Tierwelt.

Die Entwicklung eines grenzübergreifenden Naturschutzgebietes ist ein langwieriger Prozess, dem Jahre der Vorbereitungen, Gespräche und Vertragsverhandlungen vorausgehen. KAZA besiegelt nun die friedensfördernde Zusammenarbeit zwischen Staaten, deren Beziehungen nicht immer konfliktfrei waren. Noch ist die Vision eines Gebietes ohne Grenzen, das von Touristen mit nur einem Visum bereist werden kann, nicht vollends verwirklicht, aber sie ist auf einen guten Weg gebracht, um ein historisch signifikanter Erfolg für den Naturschutz und die Armutsbekämpfung in Afrika zu werden.

Allgemeines

Das Gebiet

Der Name KAZA ist eine Wortschöpfung aus der englischen Schreibweise der Flüsse Kavango (auch Okavango genannt) und Sambesi, welche die zentralen Wassersysteme des KAZA-Gebietes sind. Der Naturpark ist ein Netzwerk aus Schutzgebieten, die zu fünf Ländern des südlichen Afrika gehören: zu Angola, Botswana, Namibia, Sambia und Simbabwe. Diese Staaten sind sowohl in ihrer Geschichte und ethnischen Zusammensetzung wie auch in ihrer wirtschaftlichen und sozialen Situation grundverschieden. Die etwa tausend Meter hoch gelegene KAZA-Region ist, wie Funde von Höhlenzeichnungen und steinzeitlichen Werkzeugen belegen, seit der frühen Steinzeit besiedelt. Die San lebten hier als Jäger und Sammler, bis im ersten Jahrhundert nach Christus andere ethnische Gruppen dazustießen. Die heutigen Volksgruppen sind zahlreich und prägen die kulturelle Vielfalt der Region.

Das KAZA-Netzwerk verbindet Gebiete mit unterschiedlichem Schutzstatus. Nur ein flächenmäßig kleiner Teil davon sind Nationalparks oder staatliche Game Reserves. Sie bieten in der Regel eine Infrastruktur für Besucher wie beispielsweise Straßen oder gut befestigte Wege, Unterkünfte und Aussichtsplattformen. Oftmals beinhalten sie Kernbereiche, die für Touristen nicht zugängig sind und als Ruhezonen für die Tiere und die Natur dienen. Nationalparks sollen das gesamte natürliche Ökosystem einer Gegend repräsentieren und schützen. Daher gelten strenge Regeln auf ihrem Gelände. Zum Beispiel dürfen Straßen und Wege nicht verlassen werde, nächtliche Ausflüge sind untersagt, es besteht Jagdverbot und natürliche Ressourcen dürfen auch durch die einheimische Bevölkerung nur sehr begrenzt genutzt werden. Weniger strengen Auflagen dagegen unterliegen die Schutzgebiete in kommunalem oder privatem Besitz. Sie haben unterschiedliche Bezeichnungen: in Botswana werden sie Wildlife Management Areas genannt, in Simbabwe Safari Areas oder Conservancies, in Sambia Game Management Areas, in Namibia fallen die Conservancies und Freehold Wildlife Management Units in diese Kategorie. Ihre Hauptaufgabe ist es, die Habitate und Populationen der Wildtiere zu schützen und gleichzeitig ein aktives Management sowie menschliche Interventionen zu erlauben. Beispielsweise ist in diesen Schutzgebieten zumeist die Jagd zulässig. Sie wird jedoch von den Regierungen oder zuständigen Behörden reglementiert. Diese vergeben Lizenzen, legen Jagdquoten anhand des gesamten Wildbestandes einer Art und der erlaubten prozentualen Reduktion fest und üben Kontrollmaßnahmen aus. Diese Formen der Schutzgebiete nehmen in allen fünf KAZA-Ländern eine deutlich größere Fläche ein als die Nati-

onalparks oder Game Reserves und können einen bedeutenden Anteil an der gesamten Landesfläche ausmachen.

Von geringerem Ausmaße sind Waldreservate. Sie zielen insbesondere auf den Erhalt des Baumbestandes ab und lassen eine staatlich geregelte Nutzung des Waldes zu. Da der Wald Grundvoraussetzung für den Lebensraum bestimmter Wildtiere ist und umgekehrt bestimmte Tiere als Verteiler von Pollen und Samen für den Baumbestand unverzichtbar sind, ergibt sich aus dieser Interaktion ein zentraler Beitrag zum Erhalt der Biodiversität. Auch für Waldreservate ist eine Vernetzung von Schutzgebieten daher äußerst sinnvoll. Da sich weder Flora noch Fauna nach festgelegten Staats- oder Parkgrenzen richten, ist die Kooperation zwischen den Ländern und den unterschiedlichen Schutzgebieten so bedeutsam. So darf eine nachhaltige Nutzung bestimmter Pflanzenarten in einem der Staaten nicht durch eine Ausbeutung in einem Nachbarstaat konterkariert werden. So dürfen Wanderwege von Wildtieren, die in einem Staat gut geschützt sind, nicht in den Todesfallen gut organisierter Wildererbanden in einem der Nachbarländer enden.

Generell gilt für jegliches Schutzgebiet die Nachhaltigkeit als Grundprinzip der Nutzung. Diese ist nur zu erreichen, wenn Regierung, Bevölkerung und Privatwirtschaft eng zusammen arbeiten. Ein lediglich von oben verordneter Naturschutz hat sich in der Vergangenheit als erfolglos erwiesen.

Die KAZA-Region umfasst diverse Ökosysteme und Tierhabitate. Als typische Vegetationsformen kommen vorwiegend die Savanne, immergrüne Trockenwälder (insbesondere *Cryptosepalum exfoliatum pseudotaxus*) und Wälder aus laubabwerfenden Bäumen wie dem Rhodesien-Teak (*Baikiaea plurijuga*), dem Mopanebaum (*Colophospermum mopane*), den Akazien (z. B. *Acacia nigrescens*) oder diversen Johannisbrotgewächsen (Gattung *Brachystegia*) vor. Auch bedeutende Feuchtgebiete gehören zu KAZA. Die größten der zwölf wichtigen Vogelgebiete (Important Bird Areas) sind das Okavangodelta in Botswana sowie die Nationalparks Kafue in Sambia und Hwange in Simbabwe. Die unglaubliche Vielfalt an Tierarten umfasst

- 128 Reptilienarten,
- 50 Amphibienarten,
- diverse Fischarten in den Kavango-, Kwando- und Sambesi-Wassersystemen,
- 300 Schmetterlingsarten und
- 197 Säugetierarten.

KAZA liegt in der Klimazone der wechselfeuchten Tropen. Im Winter, von Juni bis August, herrscht ein arides Klima, während die Sommermonate von Dezember bis März Regen bringen. Für den Safaritourismus wird der Winter in der Regel als die bessere Reisezeit angesehen, da die trockenen Verhältnisse eine

Die San

Die ursprüngliche, sehr spärlich verbreitete Bevölkerung im Gebiet südlich des Sambesiflusses war die Volksgruppe der San, auch Buschmänner oder, in Botswana, Basarwa genannt. Höhlenmalereien sowie Funde steinzeitlicher Werkzeuge in archäologischen Stätten wie etwa den zum Weltkulturerbe gehörenden Matobo Hills in Simbabwe oder Tsodilo Hills in Botswana belegen ihre frühe Präsenz. Sie waren umherziehende Jäger und Sammler. Als vom Beginn des siebten Jahrhunderts an andere, den Ackerbau betreibende Volksgruppen in das südliche Afrika vordrangen, blieben die San die einzigen Bewohner der für den Ackerbau ungeeigneten Kalahariwüste und der namibischen Wüstengegenden. Sie vermischten sich mit dem westlichen Hirtenvolk der Khoi oder auch Hottentotten. Ihre physischen und linguistischen Ähnlichkeiten mit den Khoi haben dazu geführt, dass man sie auch in die Gruppe der Khoisan einordnet. Der Name San stammt aus der Sprache der Khoi und bedeutet etwa „Urbevölkerung". Östlich der Kalahari lebten die San in Nachbarschaft mit aus dem Norden vorgedrungenen, bantusprechenden Völkern, die durch eine Vermischung wohl die Klicklaute der San in ihre modernen Sprachen wie Zulu oder Xhosa übernahmen. Gegenwärtig leben etwa hunderttausend San als Minderheiten noch in Südangola, Simbabwe, im nördlichen Namibia und im Norden Botswanas, viele von ihnen in ihrem traditionellen Lebensstil der jagenden und sammelnden Selbstversorgung. Besonders die fünfzigtausend in Botswana lebenden Barsawa treten für ihre politische und kulturelle Autonomie ein.[1]

Konzentration der Wildtiere um die verbliebenen Wasserstellen erzwingen und durch ausgedörrte Vegetation und abgeworfenes Laub eine bessere Sicht auf die Tiere möglich ist. Die Sandstraßen der Parks sind in besser befahrbarem Zustand, denn bei Regenfällen entstehen an manchen Stellen tiefe Schlammlöcher. Jedoch haben auch die feuchten Sommermonate ihren Reiz, in denen der Niederschlag zumeist als starker, nachmittäglicher Platzregen fällt, denn in den Zeiten der üppigen Vegetation kommen die Jungtiere zur Welt. Der Tourist genießt dann den faszinierenden Anblick auf die tapsigen ersten Schritte eines Elefantenbabys oder die staksigen Bewegungen eines Impalakitzes. Solche Beobachtungen können beispielsweise von einem Boot aus gemacht werden, das ruhig am Ufer einer der großen Flüsse dümpelt und Einsichten in Plätze gewährt, die ansonsten für den Menschen nur schwer erreichbar sind.

Die Entstehungsgeschichte

Im Jahre 1914 schufen Schweden und Norwegen anlässlich des hundertjährigen Friedens zwischen den beiden Ländern ein besonderes Grenzgebiet von einer Fläche, die etwas mehr als acht Fußballfelder umspannt: eine Friedensrepublik, die später den Namen Morokulien erhielt und auf dessen Grund ein Friedensmonument errichtet wurde. Morokulien darf als der erste grenzübergreifende Park der Welt gelten.

Ebenfalls symbolisch für Freundschaft und Frieden wurde 1932 der Waterton-Glacier International Peace Park beschlossen, der einen kanadischen mit einem US-amerikanischen Nationalpark verbindet. Aufgrund seines Naturschutzcharakters wird er als der Vorläufer der heutigen Peace Parks betrachtet.

1988 organisierte die IUCN (International Union for Conservation of Nature) einen Workshop zum Thema Grenzparks – gemeint waren Nationalparks zweier Länder, die diesseits und jenseits der Staatsgrenzen lagen – und den bisherigen Erfahrungen damit. Eine Liste verschaffte einen Überblick über mehr als sechzig Gebiete in Amerika, Europa, Afrika und Asien, an denen solche Grenzparks existieren.[2] Dies schaffte eine Grundlage für die Diskussion über aneinander grenzende Schutzgebiete und ihre effiziente Kooperation.

Afrika war also nicht der erste Kontinent, auf dem die Idee der Peace Parks diskutiert und umgesetzt wurde. Besonders im südlichen Afrika aber wurde das Konzept angenommen und bewusst vorangetrieben. Wie auf keinem anderen Erdteil sind die Naturräume in Afrika durch koloniale Grenzziehungen fragmentiert und seine Ökosysteme werden durch die damit verbundenen künstlichen Barrieren wie Grenzzäune stark beeinträchtigt. Die Allianz von fünfzehn Staaten im südlichen Afrika, die SADC (Southern African Development Community), hat daher als eines ihrer Ziele den Erhalt der Natur sowie den nachhaltigen Umgang mit ihr formuliert und die Entwicklung von Peace Parks als ein wichtiges Mittel des gemeinsamen Wildtierschutzes deklariert. Offiziell werden solche Parks als grenzübergreifende Schutzgebiete (Transfrontier Conservation Areas) bezeichnet. Die Staatengemeinschaft definiert sie als „Gebiete oder Teilgebiete eines ökologischen Großraumes, die beiderseits der Grenzen zweier oder mehrerer Staaten liegen und eines oder mehrere Schutzgebiete umfassen."[3]

Der Tycoon und Philantroph Dr. Anton Rupert war einer der Gründerväter der ersten afrikanischen Peace Parks. Im Jahr 1990 kontaktierte er in seiner Funktion als Präsident des World Wildlife Fund (WWF) Südafrika den damaligen Präsidenten Mosambiks, Joaquim Chissano, um die Möglichkeit eines grenz-

Dr. Anthony Edward Rupert

Dr. Anthony Edward Rupert (1916 – 2006) war ein südafrikanischer Geschäftsmann, der den Rembrandt-Konzern gründete und damit zum Milliardär wurde. Er unterstützte gemeinnützige Zwecke, war ein Gegner der Apartheid und stark im Naturschutz engagiert. Rupert war Mitbegründer des südafrikanischen WWF (World Wildlife Fund) und fungierte über einige Jahre als dessen Präsident. In dieser Funktion nahm er eine führende Rolle bei der Entwicklung der Peace Parks in Afrika ein. Aus seiner Rupert-Nature-Stiftung wurde der finanzielle Grundstock der Peace Parks Foundation gelegt.
Mit 89 Jahren starb er im Schlaf.

Nelson Mandela

Nelson Mandela: „I know no political movement, no philosophy, no ideology, which does not agree with the peace parks concept as we see it going into fruition today. It is a concept that can be embraced by all".[5]

(Es gibt keine politische Bewegung, keine Philosophie und keine Ideologie, die dem heutzutage verwirklichten Konzept der Peace Parks entgegensteht. Es ist ein Konzept, das allerseits begrüßt werden kann.)

überschreitenden Parks zwischen Mosambik, Simbabwe und Südafrika zu erörtern. Er stieß in Mosambik wie auch in seinem Heimatland auf Skepsis, aber es wurden erste Schritte wie eine Studie der Weltbank zu diesem Thema eingeleitet[4]. Die Idee gewann an Momentum, als in Südafrika das Apartheidregime endete und Nelson Mandela 1994 die Präsidentschaft übernahm. Südafrika wurde ein beliebtes Reiseziel für ausländische Touristen und das Konzept des grenzüberschreitenden Parks wurde nicht nur dort intensiv im Zusammenhang mit der Verknüpfung von Naturschutz und Tourismus diskutiert.

Anton Rupert reagierte auf die neue Situation mit der Gründung einer Organisation, deren einziger Zweck es war, die Idee der Peace Parks im südlichen Afrika zur Realität werden zu lassen. So wurde am 1. Februar 1997 die Peace Parks Foundation (PPF) ins Leben gerufen. Die Ziele der PPF beinhalten, dass

- sich internationale Grenzen für die Wanderbewegungen von Wildtieren öffnen,
- kulturelles Wachstum über Grenzen hinweg gefördert wird und
- der Naturschutz als eine ökonomisch vorteilhafte Landnutzungsform anerkannt wird.

Die Gründer der PPF waren Dr. Anton Rupert, Nelson Mandela und der im Dezember 2004 verstorbene Prinz Bernhard der Niederlande.

Auch nach dem Tod von Anton Rupert blieb seine Familie der Idee der Peace Parks treu. Sein Sohn Johann Rupert übernahm den Aufsichtsratsvorsitz der Stiftung, die bis heute Unterstützung auf politischer Ebene und bei der praktischen Umsetzung der Gründung zahlreicher grenzüberschreitender Parks in der Region leistet.

Somit nimmt die Peace Parks Foundation eine entscheidende Rolle bei der Entstehung der grenzüberschreitenden Schutzgebiete im südlichen Afrika ein. Dennoch, es bedurfte neben dem visionären Weitblick Einzelner, vor allem des mutigen Blickes über den Tellerrand zahlreicher Staatspräsidenten sowie Umwelt- und Tourismusminister in den Staaten des südlichen Afrikas, um der Idee zum Durchbruch zu verhelfen.

Afrikas erster Peace Park, der Kgalagadi Transfrontier Park, entstand im Mai 2000 zwischen Botswana und Südafrika. Im Jahr 2001 wurde die deutsche Entwicklungszusammenarbeit gebeten, bei der Entstehung des Great Limpopo Transfrontier Park zwischen Südafrika und Mosambik behilflich zu sein. Es war ein Vorhaben, das Präsident Chissano, Nelson Mandela und Anton Rupert sehr am Herzen lag. Das deutsche Ministerium für wirtschaftliche Zusammenarbeit und Entwicklung (BMZ), für das die Erhaltung der Biodiversität und die Bekämpfung der Armut zwei zentrale Anliegen sind, sah den entwicklungspolitischen Nutzen dieser Idee und stimmte der Förderung des Vorhabens zu. Da es sich dabei um ein Projekt handelte, das über die Grenzen eines einzelnen Landes hinaus ging und Entscheidungen regionaler Dimensionen verlangte, schloss das BMZ die Vereinbarung zur Unterstützung des Great Limpopo Parks mit der SADC (Southern African Development Community). Die SADC war der ideale Partner für grenzübergreifende Maßnahmen. Nach Abschluss der Vereinbarungen zwischen dem Bundesministerium und der SADC wurde die KfW mit der Durchführung beauftragt. Sie ging eine Partnerschaft mit der Peace Parks Foundation ein, um das ambitionierte Vorhaben umzusetzen. Der Kern der Idee war es, über die Verbindung des weltberühmten Kruger-Nationalparks in Südafrika mit dem mosambikanischen Limpopo Park ein attraktives grenzüberschreitendes Schutzgebiet zu schaffen, das durch die Schaffung hunderter von Arbeitsplätzen für mehr Wohlstand in einem der ärmsten Landstriche Mosambiks sorgen sollte. Dies war das brennendste Anliegen der mosambikanischen Regierung. Die Südafrikaner dagegen sorgten sich wegen der wachsenden Elefantenpopulation im Kruger-Park um das ökologische Gleichgewicht dieses Gebietes. Im Jahr 2001 hatte der Kruger-Park etwa dreitausend Elefanten zuviel. Für beide Seiten des Grenzzaunes versprach das Projekt daher Vorteile. So wurde im Jahr 2002 das Staatsabkommen zur Gründung des Peace Parks unterzeichnet. Die Erfahrungen, die alle Beteiligten mit dem Great Limpopo Park machten, führten letztendlich dazu, dass ab dem Jahre 2005 die Vorbereitungen für die Verwirklichung von KAZA begonnen wurden. Die treibenden Kräfte hinter KAZA sind jedoch eindeutig die Umwelt- und Tourismusminister der fünf beteiligten KAZA-Länder und ihre Staatspräsidenten. Bereits 2003 erklärten die für den Tourismus, Umwelt, Natur und Ressourcen verantwortlichen Minister aus Angola, Botswana, Namibia, Sambia und Simbabwe die grundsätzliche, gemeinsame Absicht zur Einrichtung eines länderübergreifenden Naturparks. Sie beschlossen, KAZA als eine gemeinsame Naturschutzregion und eine Touristenattraktion der Weltklasse zu etablieren. Zwar gab es schon vorher Tourismus-Initiativen der Länder für diese Region, diese blieben jedoch alle in den Kinderschuhen stecken. Für KAZA stellte Deutschland zunächst ein Budget zum Aufbau einer Arbeitsgruppe für das Anschieben von KAZA, das sogenannte KAZA-Sekretariat in Kasane, und für vorbereitende Studien bereit. Eine Machbarkeitsstudie

Meilensteine der Entstehungsgeschichte

2003 Beschluss der Regierungen der Länder Angola, Botswana, Namibia, Sambia und Simbabwe, KAZA als eine gemeinsame Naturschutzregion und eine Touristenattraktion der Weltklasse zu etablieren.

2006 Die Staatsregierenden aller fünf Länder unterzeichnen eine gemeinsame Absichtserklärung

2007 Mit deutscher Finanzierungshilfe startet das KAZA-Sekretariat seine operative Tätigkeit.

2009 Die Vertragsverhandlungen zum grenzübergreifenden Park von KAZA beginnen.

2011 Am 18. August unterzeichnen die Staatsoberhäupter der Länder Angola, Botswana, Namibia, Sambia und Simbabwe den Staatsvertrag zur Bildung der Kavango Zambezi Transfrontier Conservation Area in Luanda, der Hauptstadt von Angola.

Am 26. August wird der Sitz der KAZA TFCA Organisation in Kasane, Botswana eröffnet. Kasane liegt strategisch sehr günstig, denn es ist im Herzen des Gebietes positioniert und bietet kurze Entfernungen zu allen Partnerländern von KAZA.

2012 Das grenzübergreifende Kavango Zambezi Naturschutzgebiet (KAZA TFCA) wird am 15. März offiziell in Katima Mulilo, Namibia, lanciert.

in Kooperation mit der Peace Parks Foundation wurde eingeleitet und deren positives Ergebnis veranlasste die zuständigen Minister in 2006 zur Unterzeichnung eines Memorandum of Understanding. Auch hierbei waren die SADC als politische Institution und die KfW als Durchführungsorganisation des BMZ beteiligt.

Das KAZA-Sekretariat wurde beauftragt, den Aufbau der Naturschutzregion zu organisieren. Zur Umsetzung dieser ambitionierten Ansprüche stellt die Bundesregierung Deutschland der SADC 20 Millionen Euro zur Verfügung.

Das Konzept

Die Idee der Peace Parks verspricht, diverse Ziele gleichzeitig zu erreichen: den Schutz der Natur, die Bekämpfung der Armut in den ländlichen Regionen und die Kooperation und den Frieden zwischen Nachbarstaaten. Der Gedanke dahinter lautet: Stärkt man die Wirtschaftszweige, die auf der Nutzung der natürlichen Ressourcen beruhen, so regt das die Wirtschaft an und schafft zudem Anreize, die natürlichen Ressourcen zu schützen. Ein wesentlicher Baustein des Konzeptes ist es daher, neben streng reglementierten Nationalparks zum Erhalt der Natur auch Schutzgebiete einzurichten, die eine vielfältige Nutzung der natürlichen Ressourcen durch Gemeinden und Einwohner zulassen. Dazu überträgt der

Staat die Rechte zur Nutzung der natürlichen Ressourcen, zum Beispiel der Wildtiere, an die Kommunen oder Privatleute. Derartige Programme werden Community Based Natural Resource Management (CB-NRM – kommunales Management der natürlichen Ressourcen) genannt und basieren auf gesetzlichen Regelungen des jeweiligen Landes, die beispielsweise das Aufstellen von Management-Plänen, die Gründung von Trusts oder die Maximalgröße von Nutzviehherden vorschreiben. Die Grundvoraussetzung des Konzeptes ist, dass die Einnahmen aus den vielfältigen Nutzungsformen tatsächlich an die lokale Bevölkerung fließen.

Überspitzt lässt sich die Kernidee folgendermaßen erklären: Wirtschaftlich gesehen ist es für einen einheimischen Jäger besser, die Wildtiere nicht mehr selber zu erlegen, sondern dies einem ausländischen Touristen zu überlassen. Dieser bezahlt für die Jagderlaubnis eine hohe Geldsumme, von der ein großer Anteil den Dorfgemeinschaften und Stämmen für ihren Lebensunterhalt, kommunale Projekte und den Naturschutz zukommt.

Natürlich ist nicht nur die Trophäenjagd eine der Subsistenzjagd wirtschaftlich überlegene Nutzungsform. Es gibt verschiedene Arten der Generierung von Einkommen mittels Wildtieren:

- Der Tourismus des „Wildlife viewing", also des Aufspürens und Sichtens von Wildtieren. Diese Form des Tourismus ist eine Haupteinnahmequelle und generell die wichtigste Nutzungsart. Sie umfasst beispielsweise das Unterhalten von Zeltplätzen, die Führung von Safaritouristen durch geübte Ranger und Spurenleser, Pachtverträge für Lodges etc. Als Faustformel der UNWTO (World Tourism Organisation) gilt für weniger entwickelte Länder in Afrika, dass acht Touristen einen Arbeitsplatz sichern, der die Ernährung von fünfzehn Menschen ermöglicht.
- Die Trophäenjagd findet vorwiegend auf privatem Grundbesitz und zunehmend in den gemeindlichen Hegegebieten (Conservancies) statt und ist ebenfalls eine wesentliche Einnahmequelle. Die Lizenzen für die Jagd werden von den zuständigen Ministerien oder Behörden vergeben. In der Regel liegen die genehmigten Abschussquoten bei null bis sechs Prozent des nationalen Wildtierbestandes – abhängig von der Wildtierart.
- Der Verkauf von lebenden Wildtieren – er spielt insbesondere eine Rolle bei der Reintegration und Wiederansiedlungstrategie von Tieren.
- Der Verkauf von Wildtierfleisch, der überwiegend von privaten Farmern betrieben wird.

Besonders einträglich ist die Nutzung von Wildtieren in Landstrichen in unmittelbarer Nähe zu den Nationalparks. Deren hohe Wildtierdichte sorgt für viele Tiere auf dem kommunalen Anrainerland, die sowohl für die Subsistenz- als auch für die Trophäenjagd genutzt werden können.

Devil's Claw

Die Teufelskralle (*Harpagophytum procumbens und Harpagophytum zeyeri*) ist ein Beispiel für indigenes Wissen, das sich wirtschaftlich nutzen lässt. Sie ist ein Sesamgewächs, dessen Wurzel von Buschmännern zur medizinischen Behandlung verwendet wird. Ihr werden entzündungshemmende, verdauungsanregende und schmerzstillende Wirkung zugeschrieben. Die Teufelskralle wächst auf trockenen Böden in Angola, Namibia, Botswana, Sambia und Simbabwe und anderen Ländern im südlichen Afrika. Die Pflanzen überdauern den trockenen Winter im Boden und treiben in den Monaten Februar bis Mai aus. Nur dann sind sie erkennbar und ihre sekundären Wurzelknollen können ausgegraben werden. Es benötigt Geschick, die Pflanze dabei nicht zu schädigen. Der Name der Teufelskralle stammt von ihrer klauenähnlichen Frucht, deren Widerhaken sich in der Kleidung oder in der Haut festsetzen können. Lange Zeit wurde die Pflanze in der Wildnis abgeerntet, so dass Befürchtungen der Überausbeutung entstanden. Einige gemeindliche Projekte im KAZA-Gebiet, z. B. im Hauptexportland Namibia, zielen auf einen nachhaltigen Anbau ab. Geschätzte zehntausend Menschen in ländlichen Gegenden leben in Namibia, Botswana und Südafrika von der Ernte der Teufelskralle. Deutschland ist der größte Importeur dieser Heilpflanze.[6]

Auch die Pflanzenwelt stellt einen zunehmend wichtigen Wirtschaftsfaktor dar und ermöglicht eine Diversifizierung der Einkommensquellen. Ihre Nutzung beruht oftmals auf dem indigenen und traditionellen Wissen von Stammesgemeinschaften, zum Beispiel hinsichtlich der medizinischen Wirkung von Pflanzen, ihrer Eignung als Lebensmittel, den besten Erntezeiten oder zur Herstellung von Material auf pflanzlicher Basis. Wenn die Gesetzgebungen der jeweiligen KAZA-Länder es zulassen, dann entscheidet die lokale Bevölkerung selbst darüber, auf welche Art sie Vorteile aus ihren natürlichen Ressourcen zieht. Sobald genügend Mitglieder in den Gemeinden für ihre Produkte faire Preise bekommen, setzt sich der Gedanke durch, dass die Nachhaltigkeit ihrer Bewirtschaftung entscheidend ist, um langfristig Gewinne erzielen zu können. Die Natur gewinnt auf diesem Wege wesentlich an Wert für die Bevölkerung.

Die Rolle der traditionellen Strukturen

Im Zuge der KAZA-Entwicklung wurde ein Name immer wieder in der Presse erwähnt: Senior Chief Inyambo Yeta. Der charismatische traditionelle Chief des Sesheke-Distrikts im Südosten Sambias ist ein Visionär. Der in Birmingham ausgebildete Jurist folgte dem Ruf der Lozi-Bevölkerung und wechselte aus seiner Anwaltskanzlei in das Häuptlingsamt seines Volkes. Er ist, wie viele seiner Kollegen im Caprivi-Streifen und im Süden Sambias, von der Bevölkerung erwünscht und von der Politik als bedeutender Machtfaktor anerkannt. Bei Streitigkeiten zwischen Familien und bei Fragen der Zuteilung von Land für Ackerbau wird er konsultiert. Für die Entwicklung der gesamten KAZA-Ökoregion ist der Distrikt von Sesheke von zentraler Bedeutung, denn er liegt inmitten einer der alten Migrationsrouten für Wildtiere zwischen dem Chobe-Nationalpark in Botswana und dem Kafue-Nationalpark in Sambia. In Sesheke ist lediglich der Sioma-Ngwezi-Nationalpark ein offizielles Schutzgebiet. Das restliche Land ist Acker- und Weideland. Trotz seines überwiegend geringen landwirtschaftlichen Potenzials und häufiger Überschwemmungen der wenigen fruchtbaren Böden, genießen Wildtiere dort keinen offiziellen Schutz. Sie laufen auf diesem Korridor unabdingbar Gefahr bejagt zu werden. Die Ältesten der Bevölkerung erinnern sich an die Erzählungen ihrer Vorfahren, die von tausenden Gazellen, Antilopen und Giraffen und von mächtigen Bäumen in dichten Beständen handeln. Ein Paradies auf Erden. Heute finden sich so gut wie keine Wildtiere mehr in Sesheke. Ihre Bestände sind durch die Besatzung Namibias und die kriegerischen Auseinandersetzungen in Angola drastisch zurückgegangen – die zahlreichen Soldaten brauchten Nahrung, waren gut bewaffnet und manches Mal bezahlten sie Kampfausrüstung mit Elfenbein.

Im Gegensatz dazu sieht die Lage in Namibia und Botswana anders aus. Die Fülle an Wildtieren ermöglicht es jungen Menschen, eine Anstellung in Lodges, Zeltcamps, als Fahrer, als Spurenleser oder als Touristenführer zu finden. In Sambia herrscht dagegen Arbeitslosigkeit. Man geht auf die Jagd und fischt, aber verdient kein Geld damit. Yambo Yeta und seine Minister haben das klare Anliegen, den Wildreichtum nach Sesheke zurückzuholen und die Elefanten wieder durch ihr Gebiet ziehen zu sehen.

Der charismatische Chief hat gemeinsam mit seinen Leuten und mit der Unterstützung der Peace Parks Foundation und des World Wildlife Fund (WWF) daher einen Entwicklungsplan für sein Gebiet aufgestellt. Vorrangig gilt es darin, den Sioma-Ngwezi-Nationalpark professionell zu schützen und Mitglieder der Bevölkerung zu Wildhütern auszubilden. Ein weiterer Teil des Entwicklungsplanes beschreibt die nötigen Maßnahmen zur Errichtung des Wildtierkorridors. Dazu muss die Bevölkerung durch Gespräche über die Vorteile des Wildtierschutzes aufgeklärt werden. Weiterhin gilt es, Gebiete zu identifizieren, die sich besonders gut für den Tourismus eignen. Außerordentlich malerisch präsentieren sich dafür die Ngonye-Fälle des Sambesi, ein sehr breites Wasserfallsystem nordwestlich der berühmten Viktoriafälle. Während die Vic-Falls, wie sie auch oft genannt werden, touristisch intensiv erschlossen sind, muss der Reisende sich die Ngonye-Fälle noch erarbeiten und wird durch den wild malerischen Anblick im Herzen Afrikas belohnt. Für Plätze wie diesen suchen Yambo Yeta und seine Leuten private Investoren, die ähnlich wie in Namibia in fairer Kooperation mit der ansässigen Bevölkerung den Tourismus entwickeln.

Wenn erst einmal Gehälter an junge Leute aus den Dörfern gezahlt werden und die ersten Frauengruppen (die es bereits gibt) das von ihnen produzierte Gemüse an die entstehenden Lodges verkaufen können, dann wird die Vision Yetas in der Tat bei den Menschen angekommen sein. Die Chancen dafür stehen gut. Die Chiefs im Caprivi-Streifen sind bereits vor Jahren genau diesen Weg gegangen. Sie haben im Zusammenhang mit der Conservancy-Bewegung in ihren Distrikten die Wildtieraufkommen in spektakulärer Weise gesteigert. Mit den Wildtieren kamen die Touristen und mit den Touristen die Arbeitsplätze. Der Caprivi in Namibia ist Yetas Nachbarregion. Yetas Wunsch, seinen Enkeln in der Realität eine Tierfülle wie zu Zeiten ihrer Vorfahren zeigen zu können, könnte sich somit bald bewahrheiten.

Der Konflikt zwischen Mensch und Tier

Eine der zentralen Ideen von KAZA ist es, dass die Natur und hier besonders die einmaligen Wildtierbestände ein schützenswertes Grundkapital darstellen, aus dem sich hauptsächlich über den Tourismus ein gutes und regelmäßiges Einkommen für viele Menschen erzielen lässt.

Tatsächlich ist jedoch eine negative Einstellung im südlichen Afrika noch weit verbreitet. Nicht alle Bewohner der Dörfer um die Nationalparks und an den Wildtier-Korridoren profitieren von einem hohen Wildtierbestand. Je mehr Tiere es gibt, umso mehr Konflikte zwischen den Menschen und den Tieren entstehen. Ähnlich wie bei der langsamen Wiederkehr der Wölfe in Deutschland wird auch in einigen Teilen der KAZA-Region die Tierfülle als Bedrohung wahrgenommen. Insbesondere die von der Landwirtschaft lebenden Einheimischen klagen über Probleme und sehen die eigene Existenzgrundlage gefährdet. Die Beschwerden häufen sich in Gegenden, die in Nachbarschaft zu Naturschutzgebieten liegen, denn dort herrscht eine hohe Wildtierdichte in unmittelbarer Nähe zum Menschen. Es sind insbesondere die Elefanten und die Raubtiere wie Löwen oder Wildhunde, auf die sich ein großer Teil der Klagen bezieht. Die Problematik ist jedoch komplex und vielschichtig – in Teilen ist sie durchaus hausgemacht und der Politik früherer Jahrzehnte zuzuschreiben.

Um die aktuelle Situation zu verstehen, ist es sinnvoll, einige Jahre zurückzublicken. In den fünfziger Jahren – ein Zeitpunkt, zu dem die Entdeckung der wertvollen Diamantenvorkommen des Landes noch ausstand – war vor allem die Rinderzucht in Botswana ein erheblicher Wirtschaftsfaktor. Das Rindfleisch war für den Export bestimmt und somit sollte das Vieh, auch auf Drängen europäischer Abnehmerlän-

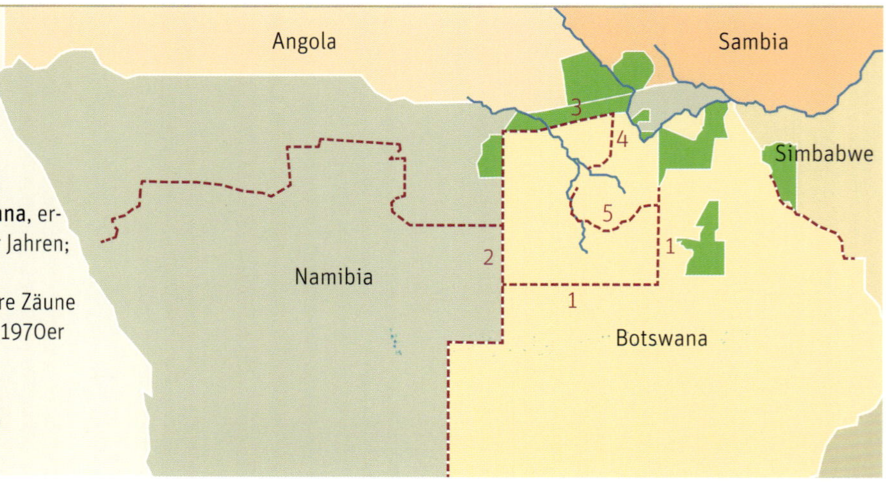

Die bedeutendsten Zaunbauten in Namibia und Botswana.
1: **Kuke-Zaun**, errichtet 1958;
2: **Grenzzaun zwischen Namibia und Botswana**, errichtet in den 1960er Jahren;
3: **Caprivi-Grenzzaun**, errichtet 1995 (frühere Zäune gab es bereits in den 1970er Jahren);
4 und **5:** **Buffalo-Fence**, 1982 im Süden, 1996 im Norden errichtet.

der, vor Krankheiten wie der Maul-und Klauenseuche geschützt werden. Da Huftiere, wie beispielsweise Büffel, potenzielle Krankheitsüberträger sind, galt es, den Kontakt zwischen ihnen und dem Nutzvieh zu verhindern. Zur Lösung des Problems wurde 1958 in Botswana ein Zaun errichtet, der sich über hunderte von Kilometern erstreckt. Dieser Zaun namens Kuke befindet sich südlich und östlich des Okavangodeltas. Er war der erste von vielen sogenannten Veterinärzäunen, die in den nachfolgenden Jahren und Jahrzehnten in Botswana, Namibia, Südafrika und Simbabwe aufgestellt wurden. Sie durchziehen bis heute die Landschaften, wenn auch mancher von ihnen marode Stellen aufweist. Noch in den 1990er Jahren wurden die letzten Zäune errichtet. Ihr Nutzen und Schaden ist Gegenstand von kontroversen Diskussionen und wissenschaftlichen Abhandlungen.

Ein unbestrittenes Resultat des Kuke-Zaunes war das Kappen der Wanderkorridore migrierender Wildtiere. Die vom Futter- und Wasserangebot in den trockenen Wintermonaten zwischen Juni und Oktober abhängige Migration tausender Tiere hin zu reichhaltigem Grasland und zu Wasserstellen nördlich und östlich des Kalahari-Wildtierreservats wurde durch den Zaun unterbunden. Als Beispiel lässt sich die Wanderung von Streifengnus aus der Mitte Botswanas zu den Seen Xau, Ngami oder in das Okavangodelta nennen. In der Dürre der 1980er Jahre verendeten Zehntausende dieser Antilopen auf ihrer verzweifelten Suche nach Wasser oder nahrhaftem Gras. Ihre Populationsgrößen sind in Botswana seither drastisch gesunken. Ausreichender Raum zur Bewegung ist in einer semi-ariden Klimazone, deren Niederschlagsmengen extrem unberechenbar und variabel sind, von herausragender Bedeutung für die Wildtiere, um sich den Futter- und Wasserressourcen flexibel anzupassen. Die Veterinärzäune schränken jedoch den Bewegungsradius ein und fragmentieren die Habitate. Im Zusammenhang mit KAZA ist ein weiterer Zaun hervorzuheben: derjenige an der Staatsgrenze zwischen dem namibischen Caprivi-Streifen und Botswana. Er schränkt insbesondere das größte Landsäugetier der Erde stark in seinem Bewegungsradius ein – den afrikanischen Elefanten, *Loxodonta africana.*

Ein ausgedehnter Lebensraum ist für Elefanten essentiell. Neben der Gier nach Elfenbein gilt die Einschränkung des Lebensraumes als ihre größte Bedrohung. Der Mensch lässt ihnen nur noch in lokal begrenzten Gebieten Platz und hat sie in manchen Landstrichen verdrängt oder sogar ausgerottet. Angola und Sambia sind Beispiele für Regionen, in denen die Dickhäuter nur noch in kleinen Populationen vorkommen. Simbabwe beklagt dagegen seit Jahrzehnten Überpopulationen und auch Botswana hat im Norden eine immense Elefantenzahl in seinen Schutzgebieten um den Chobe und das Okavangodelta.

Die riesigen Elefantenherden werden dort auf das Gebiet zwischen dem Chobe und dem Kuke-Zaun bzw. dem vorgelagerten Büffelzaun („Buffalo") beschränkt. Ein Elefant ernährt sich von Pflanzen- und Baumteilen und zu einem hohen Anteil von Gras. Zwischen hundert und zweihundert Kilogramm Grünes verschlingt ein ausgewachsenes Tier und ist damit beinahe rund um die Uhr beschäftigt. Sein Wasserbedarf liegt bei 200 Litern am Tag. Aufgrund dieses mächtigen Appetits können Elefanten große Schäden in der Vegetation wie umgestoßene Bäume und erodierte Böden hinterlassen, wenn sich zu viele von ihnen zu lange im selben Gebiet aufhalten. Zudem gefährden sie die biologische Vielfalt, indem sie andere Tiere von Futter- und Wasserstellen verdrängen. Mit genau diesem Problem sehen sich Botswana und Simbabwe konfrontiert. Erhebliche Flurschäden, die stetige Abnahme der von den Dickhäutern bevorzugten Vegetation und die Verdrängung von Antilopen und Gazellen an den Wasserstellen sind in trockenen Jahren zu beobachten. Langfristig kann dies dazu führen, dass manche Tierarten sukzessive aus den Gebieten mit hoher Elefantendichte verschwinden. Zudem wagen sich die Elefanten auf der Suche nach geeignetem Futter zunehmend in die Nähe menschlicher Siedlungen. Im schlimmsten Fall kommt es soweit, dass ein Mensch durch einen aggressiven Elefanten ums Leben kommt. Oftmals taucht in den an den Parks angrenzenden Gemeinden eine Herde der Dickhäuter vor den erschreckten Augen der Bauern in den Sorghumhirse- und Maisfeldern auf und richtet beträchtliche Zerstörungen an. Da die meisten Einwohner der Region Subsistenzbauern sind, also auf die Ernten für das eigene Überleben angewiesen sind, gleichen solche Ereignisse einer die Existenz bedrohenden Katastrophe. Somit ist es verständlich, wenn Elefanten in erster Linie als Gefahr betrachtet werden. Neben solchen Verwüstungen der Felder zählen

- die Beschädigung von Wasserstellen, Getreidespeichern, Häusern oder Stromleitungen,
- die bedrohte Sicherheit der Anwohner und
- die Beeinträchtigung der Nachtruhe

zu den häufigsten von den Elefanten verursachten Problemen. Es gibt Vorschläge und Ansätze zur Lösung oder Abschwächung der Konflikte. Sie reichen von verschiedenen Maßnahmen, um die Elefanten von menschlichen Siedlungen und Feldern fernzuhalten bis hin zu extremen Aktionen:

- Elefantenzäune: Elektrische Zäune dienen dazu, Elefanten von Feldern, Wohnhäusern oder Vorratslagern fernzuhalten. Die Zäune müssen allerdings aufwändig kontrolliert, erhalten und von Pflanzenwuchs freigehalten werden und sind zudem von der Verfügbarkeit an Strom abhängig, denn ohne Elektrizität sind sie von den Tieren leicht zu überwinden. Da oftmals kein Anschluss an das öffentliche Stromnetz vorliegt, werden die Zäune vielerorts mit Solarstrom versorgt. Nicht selten kommt es jedoch zum Diebstahl der begehrten Kollektoren oder Kabel.
- Dungbomben: Sie sind ein verbreitetes Mittel, um Elefanten abzuschrecken. Sie bestehen aus einer Mischung aus Elefantendung und Chilipulver. Beim Zünden entwickeln sie einen Rauch, der das scharfe Capsaicin ent-

hält und die empfindlichen Nasen der Dickhäuter reizt. In der Nähe von Feldern gezündete Dungbomben vertreiben so die Elefanten aus der Gegend.

- Mobile Einsatztrupps: Wenn eine Elefantenherde sich einem Feld nähert oder mit dem Menschen um eine Wasserstelle rivalisiert, provozieren traditionelle Methoden wie Lärm und Steinwürfe die Tiere oftmals und führen zu aggressivem Verhalten. Mobile Einsatzkräfte helfen den Anwohnern in solchen Situationen und die Ranger lehren sie Methoden, um die Elefanten vertreiben zu können. Dabei hat eine besondere „Waffe" Einzug in den Caprivi-Streifen gehalten. Die seit der Fußball-WM in Südafrika weltweit bekannte (und bei Fußballfans gefürchtete) Vuvuzela wird von den Elefanten gar nicht gemocht. Wenn die Feldwächter damit genügend Lärm machen, sind sie in der Lage ganze Elefantenherden in die Flucht zu schlagen.
- Entschädigungen: Werden Ernten von Elefanten vernichtet oder zerstört, erhält ein Bauer in Botswana Ausgleichszahlungen vom Staat. Im Caprivi-Streifen in Namibia wird in Zusammenarbeit zwischen dem WWF, den Conservancies und den KAZA-Verantwortlichen an einem Ernte-Ausfall-Versicherungssystem gearbeitet. Es ist bisher jedoch noch ein langwieriger Prozess, bis die Zahlungen letztendlich den Geschädigten erreichen und nicht jedes KAZA-Land bietet solche Entschädigungen.

Andere Maßnahmen zielen darauf ab, tatsächlich die Ursache des Problems, den Elefantenüberschuss, zu beseitigen. Es gibt Befürworter des Vorschlags, den überschüssigen Bestand an Elefanten in einer großen Tötungsaktion zu erlegen. Solche Massentötungen sind in der Historie des südlichen Afrikas nicht neu. Zwischen 1960 und 1988 wurden beispielsweise in Simbabwe über vierzigtausend Elefanten geplant abgeschossen, da das Land die Folgen einer Überpopulation fürchtete.[7]

Dagegen setzt das Konzept des grenzübergreifenden Naturparks darauf, den Bewegungsradius der Elefanten zu erweitern und ihnen ihre biologischen Wanderkorridore nach Namibia, Angola und Sambia wieder zu eröffnen. Die Voraussetzung dafür ist der teilweise Abbau von Zäunen und ein Naturschutz in den anliegenden Ländern, der ähnlich effizient ist wie derjenige in Botswana und Namibia. Der botswanische Minister für Tourismus und Umwelt ist einer der treibenden Kräfte hinter der KAZA-Idee, denn für Botswana ist es von vitalem Interesse, dass die alten Korridore wieder funktionieren und die Elefanten im Einklang mit dem Wechselspiel von Trocken- und Regenzeit ihre weiten Wanderungen, deren Gründe noch nicht umfassend erforscht sind, über große, zusammenhängende Flächen aufnehmen können. Wissenschaftler haben über GPS-Halsbänder bereits erste Elefanten geortet, die die Zaunlücken am Caprivi-Streifen genutzt haben und von Botswana nach Angola migriert sind. Die Lebensräume in Angola und Sambia sind nicht unendlich, aber ernst zu nehmende Ökologen erwarten, dass deren Erschließung eine tragfähige Lösung für zumindest die nächsten 200 Jahre darstellt.

Die Bedeutung gemeinnütziger Organisationen

Der Erhalt der Natur wird im südlichen Afrika nicht nur von den Regierungen vorangetrieben. Maßgeblich ist er auch dem Eintreten einzelner, engagierter Naturliebhaber und gemeinnütziger Stiftungen und Nichtregierungsorganisationen zu verdanken. Die Entstehung des KAZA-Naturparks wäre ohne Organisationen wie der Peace Parks Foundation (PPF) und dem World Wildlife Fund (WWF) so nicht möglich gewesen. Ein Beispiel deutschen Ursprungs ist die gemeinnützige Organisation SAVE. Sie hat zum Ziel, Wildtiere und ihre Lebensräume zu schützen, z. B. den vom Aussterben bedrohten afrikanischen Wildhund,[8] und die Menschen für die Einzigartigkeit der Natur zu begeistern. Die gemeinnützigen Organisationen haben ebenfalls erkannt, dass Aufklärungsarbeit ein wesentliches Mittel ist, um den Einheimischen den unschätzbaren Wert der Natur nahezubringen und ihre Sichtweise, die Wildtiere als Störfaktor zu betrachten, allmählich zu erweitern bzw. zu ändern. Sie initiieren, unterstützen und finanzieren Forschungsarbeiten zum tieferen Verständnis natürlicher Vorgänge und für einen besseren Umgang mit der Natur. Derartiges Engagement ist auch deshalb von zentraler Bedeutung, da den KAZA-Staaten oftmals die Gelder für wichtige Forschungen und Projekte fehlen.

Neben den Elefanten berichten Einheimische von Konflikten mit Raubtieren. Dabei handelt es sich in der Regel um Nutzvieh, das von den Wildtieren gerissen wird. Immer wieder werden Kadaver von Löwen, Geparden oder anderen Fleischfressern aufgefunden, deren Todesursachen auf Vergiftung oder Abschuss zurückzuführen sind. Es sind zumeist Farmer, die um ihr Vieh fürchten und auf diesem Wege die Gefahr für ihr Hab und Gut beseitigen. Auch vor seltenen und akut bedrohten Tierarten wie dem afrikanischen Wildhund wird dabei nicht Halt gemacht. Seine Population wird in Afrika auf nur noch drei- bis viertausend Exemplare geschätzt und doch werden die Tiere von einzelnen Farmern gezielt getötet. Forschungsarbeiten befassen sich damit, die Dimensionen solcher Konflikte und die Bedeutung von Wildtierzäunen in diesem Zusammenhang zu erfassen. Wichtig erscheint es, die Einstellung der Menschen zu verändern: über Umweltaufklärung und Umwelterziehung bei Kindern und Jugendlichen, über die Reduzierung der Konflikte zwischen Mensch und Tier und über eine faire Verteilung der wirtschaftlichen Gewinne, die mit den steigenden Touristenzahlen in der KAZA-Region gemacht werden. Nur dann kann der Naturschutz im südlichen Afrika nachhaltig gelingen.

Die Länder und ihre Schutzgebiete

Namibia

Fakten zum Land

Die Republik Namibia ist der jüngste der fünf KAZA-Staaten – sie erlangte 1989 nach dem Befreiungskampf der South West Africa People's Organisation (SWAPO) gegen die südafrikanischen Besatzer ihre Unabhängigkeit. Bereits im Jahre 1967 hatten die Vereinten Nationen dem Land Südafrika das Verwaltungsmandat für Namibia, das es zum Ende des Zweiten Weltkrieges erhalten hatte, entzogen und die politische Unabhängigkeit Namibias ausdrücklich zum Ziel erklärt. Bis zu diesem Zeitpunkt wurde Namibia als Südwestafrika bezeichnet. Den neuen Namen erhielt es in Anlehnung an die Wüste Namib.

Die Staatsgrenzen von Namibia wurden in der Kolonialzeit festgelegt, in welcher das Gebiet von 1885 bis 1919 ein deutsches Protektorat namens Deutsch-Südwestafrika war. Mit einer Fläche von 823 290 km² – das ist mehr als die doppelte Größe Deutschlands – bei 2,28 Millionen Einwohnern leben in Namibia rechnerisch noch nicht einmal drei Menschen auf einem Quadratkilometer. Damit ist kaum ein Staat der Erde dünner besiedelt – lediglich die Mongolei und die Insel Grönland haben eine geringere Einwohnerdichte. Namibia bietet weite, vom Menschen unberührte Landschaften und eine multikulturelle Gesellschaft, die sich neben anderen aus den ethnischen Gruppen der Ovambo, Herero, Damara, Nama, Lozi, San, Rehoboth, Tswana, Deutschen und Afrikaaner zusammensetzt.

Die Wirtschaft Namibias ist eng mit seiner Landschaft und Natur verbunden. Wesentliche Anteile des Bruttosozialproduktes beruhen auf der Diamantenförderung und dem Abbau von Bodenschätzen – Kupfer, Gold, Zink, Uran u. a. – sowie auf der Landwirtschaft und Fischerei.

Zu den bedeutendsten Exportgütern des Landes zählen die Diamanten, der internationale Tourismus, der etwa ein Zehntel der Exporte beträgt, und das Rindfleisch. Aber auch Öle aus den einheimischen Pflanzen und Bäumen, z. B. das Öl aus der Frucht des Marulabaumes, sind wichtige Wirtschafts- und Exportgüter.

Namibia ist ein trockenes Land. Unter den afrikanischen Ländern südlich der Wüste Sahara ist es dasjenige mit den niedrigsten Niederschlagsmengen. Seine Regenfälle verzeichnen ein markantes Nordost-Südwest-Gefälle. So sind der dürre Westen und Südwesten des Landes von der Wüste und der Karoo gekennzeichnet, in denen die meisten endemischen Tier- und Pflanzenarten des Landes beheimatet sind – ein Beispiel dafür ist das Hartmann's Zebra. Durch diese hohe Zahl an Endemiten gehört das Ge-

biet im und um den Sperrgebiet-Nationalpark zu den vierzig weltweiten „Hot Spots" der Biodiversität. Im tropischen Nordosten fällt jährlich mehr als das fünfzigfache an Regen gegenüber der Südwestregion. Er birgt Laubbaum- und Strauchsavannen und eine Vielzahl an Tierspezies. Auch die größte Gepardenpopulation der Welt hat dort ihre Heimat. Die einzigen beständig wasserführenden Flüsse des Landes befinden sich ebenfalls im Norden, nämlich sowohl an den Staatsgrenzen zu Angola, Sambia und Botswana wie auch im Caprivi-Streifen.

In der Verfassung Namibias ist sowohl der Erhalt der Ökosysteme und der Biodiversität als auch die nachhaltige Nutzung der natürlichen Ressourcen fest verankert (Artikel 95 (l)). Im Jahr 2010 verfügte das Land über zwanzig staatliche Naturschutzgebiete in Form von Nationalparks und Wildtierreservaten, welche gemeinsam 17 % der Gesamtfläche des Landes ausmachen. Zudem baut Namibia seit 1998 insbesondere die sogenannten Communal Conservancies (gemeindliche Hegegebiete) weiter aus, die den Kommunen spezifizierte Rechte zur Nutzung der Natur und Wildtiere übertragen. Auch der kommunale Besitz an Waldflächen (Community Forests) und der private Grundbesitz an Wildtiergebieten – Freehold Wildlife Management Units und Private Game Reserves –, die auf den nachhaltigen Umgang mit den natürlichen Ressourcen abzielen, zählen zu den Naturschutzgebieten. In diesem Sinne stehen insgesamt beinahe 40 % der namibischen Landesfläche unter Schutz.

Die Regierung Namibias hat zudem die ökologische und touristische Bedeutung des Caprivi-Streifens erkannt und den überwiegenden Teil zu Nationalparks und Schutzgebieten erklärt. Diese sind ein essentieller Bestandteil des KAZA-Gebietes, da sie wichtige Wildtierkorridore zwischen Botswana und Angola sowie Sambia darstellen. Über weite Strecken bilden Zäune hier jedoch derzeit noch künstliche Barrieren für ehemals frei umherziehende Wildtierherden.

Direkt angrenzend an den Caprivi-Streifen liegt im Südwesten der wild malerische Khaudum-Nationalpark, der mit seinen anliegenden Conservancies ebenfalls zur KAZA-Region gehört.

Dörfliche Hegegebiete (Conservancies)

Im Jahre 1996 trat in Namibia ein bahnbrechendes Gesetz für den Naturschutz in Kraft: der Nature Conservation Amendment Act. Dieses Gesetz bildet die legale Grundlage dafür, dass die ländliche Bevölkerung Nutzungsrechte an der Natur und den Wildtieren ihrer Gemeindeterritorien erhält. Solch ein dörfliches Hegegebiet wird in Namibia Conservancy genannt. Es fußt auf einer eigenen Verwaltung, dessen Struktur einem deutschen eingetragenen Verein ähnelt, und einem Managementplan, welcher die Ziele, Strategien und Maßnahmen zur Betreibung der Conservancy vorgibt. Da zuvor die Nutzungs-

rechte für Wälder und die darin lebenden Tiere alleine dem Staat zustanden, die Dörfer aber die durch die Wildtiere entstandenen Schäden alleine tragen mussten, standen die Menschen verständlicherweise im Konflikt mit Wildtieren und bedrohten durch ihre Lebensweise die Biodiversität. Die Einführung der Conservancies ermöglichte es der Bevölkerung erstmals, die Flora und Fauna in eigener Verantwortung zu managen. Zunehmend haben in Namibia Dorfgemeinschaften auf dieser Basis mit der Bewirtschaftung ihres natürlichen Kapitals begonnen und touristische Aktivitäten gestartet. Diese Entwicklung wäre Jahre zuvor noch kaum denkbar gewesen, denn es tobte eine intensive Auseinandersetzung zwischen Wilderern und Wildhütern. Die Nationalparks wurden wie Festungen des Naturschutzes gegen die Wilderei verteidigt. Gut organisierte Wildererbanden wurden dabei oft durch Einwohner der an die Parks angrenzenden Gemeinden unterstützt. In diesem Kontext war es durchaus ein revolutionärer Gedanke, den Gemeinden das Management der Wildtiere außerhalb der Parks zuzusprechen.

Die Umsetzung des sehr progressiven Gesetzes wäre sicherlich nicht überzeugend gelungen, hätte das namibische Umweltministerium nicht von Beginn an mit zahlreichen Umweltorganisationen wie dem Global Environment Fund der Vereinten Nationen (GEF), der amerikanischen Entwicklungsorganisation USAID und der Nichtregierungsorganisation WWF zusammen gearbeitet. Deren Mitarbeiter unterstützten das namibische Ministerium für Umwelt und Tourismus MET (Ministry for Environment and Tourism) und die Gemeinden bei der Erstellung und Umsetzung von Managementplänen und bei der Ausbildung der Dorfbevölkerung. Es wurden Schulungen in Buchhaltung, Lagerhaltung und im Wildtierschutz, im Lesen und Dokumentieren von Tierspuren sowie in der Führung von Touristen und Jägern gehalten. Es wurde eingeübt, transparente Entscheidungen zu fällen und über ihren Erfolg oder Misserfolg zu berichten. Somit konnte grundlegendes Wissen für den erfolgreichen Betrieb einer Conservancy vermittelt werden. Weiterhin waren Kenntnisse in der unblutigen Abwehr von Elefanten nötig, um die Landwirtschaft der Gemeinden in der Erntezeit vor den Dickhäutern zu schützen.

Als Haupteinnahmequellen einer Gemeinde aus der Wildtiernutzung haben sich in den vergangenen Jahren insbesondere zwei Arten der Wildtiernutzung erwiesen: die Trophäenjagd und die Vergabe von Tourismuskonzessionen.

Die Jagd von Wildtieren ist in dörflichen Hegegebieten erlaubt und wird über die Vergabe von Lizenzen geregelt. Da die Gebiete von Conservancies oftmals an Nationalparks grenzen, ergibt sich zwischen diesen beiden Arten an Schutzgebieten ein wichtiges Zusammenspiel für den Wildtiererhalt. Die Übertragung von Nutzungsrechten an den Wildtieren an die dörflichen Hegegebiete außerhalb der Parks führt dazu, dass der Wildereidruck innerhalb eines Nationalparks stark zurückgegangen ist. In den Nationalparks herrscht ein striktes Jagdverbot und es gibt Kernzonen, in denen touristische Aktivitäten untersagt sind. Dort finden Wildtiere ihre Rückzugsgebiete und Ruhezonen, in denen sie sich gut und ungestört vermehren können. Durch wachsende Populationen wandern Tiere dann aus den Parks in die umliegenden Gemeindegebiete und bieten somit wiederum den Conservancies einen Nutzen. Da die Jagdquoten staatlich reguliert werden, hat die Anzahl der meisten Tierarten in Namibia zwischen 2000 und 2010 wieder deutlich zugenommen.

Eine weitere wichtige Einnahmequelle sind Tourismuskonzessionen. Ihre Vergabe erfolgt an professionelle Unternehmen, die in der Regel auf den gemeindlichen Gebieten ihre Unterkünfte, sogenannte Lodges, betreiben und Game-Viewing-Ausflüge für die Touristen anbieten.

Eine Lodge transferiert über ihren Pachtvertrag einen Anteil ihrer Einnahmen an die Gemeinden und lässt die Dorfgemeinschaft somit an ihrem Erfolg teilhaben. Sowohl Umwelt- und Entwicklungsorganisationen als auch ein durch das deutsche Bundesministerium für wirtschaftliche Zusammenarbeit und Entwicklung (BMZ) finanziertes Vorhaben in der Caprivi-Region, das durch die KfW durchgeführt wird, unterstützen die Bevölkerung im Verhandeln fairer Verträge mit den privaten Betreibern von Lodges. Verträge, die von beiden Vertragspartnern als vorteilhaft empfunden werden, stärken über den Finanztransfer das Bewusstsein in der Bevölkerung, dass Wildtiere nicht nur eine Bedrohung für Felder und Vieh darstellen, sondern die Kassen der Gemeinde füllen können. Von diesem Bewusstsein hängt es ab, ob die Ziele der namibischen Gesetzgebung erreicht werden: die Natur zu schützen, die Biodiversität zu erhalten und gleichzeitig die Armut der Bevölkerung zu mindern und den Menschen eine wirtschaftliche Lebensgrundlage zu bieten.

Ein in 2001 erlassenes Gesetz, der Forest Act, setzt am Conservancy-Gedanken an, um auch einheimische Pflanzen und Forstprodukte durch die Einrichtung gemeindlicher Wälder zu schützen. Über Managementpläne festgelegte Quoten und Kontrollen der Gemeinden sichern die Nachhaltigkeit der Nutzung. Die wichtigsten Einnahmequellen solcher gemeindlichen Wälder sind der Verkauf von Holz und von Handwerksprodukten. Für die Bevölkerung ist dabei ein Aspekt fast noch wichtiger als die monetären Einnahmen: Die Deklaration eines Waldgebietes zum offiziellen Gemeindewald gibt den Gemeinden langfristige Rechtssicherheit für die Nutzung der Waldflächen und der darin enthaltenen Bäume und anderen Pflanzen. Damit lohnt es sich für die Gemeindemitglieder Zeit und Arbeit in deren Erhalt zu investieren.

Seit ihrer Einführung haben sich die Conservancies erfolgreich als Jobmotoren in den strukturschwachen Gegenden des ländlichen Raumes im Norden Namibias erwiesen. Mittlerweile gibt es in Namibia 59

registrierte Conservancies mit über 230 000 Gemeindemitgliedern. Sie machen etwa fünfzehn Prozent der Landesfläche aus. Ein Großteil der dörflichen Hegegebiete grenzt direkt an andere Schutzgebiete. Die Nationalparks Khaudum, Bwabwata, Mudumu und Nkasa Lupulu kooperieren eng mit solch angrenzenden Conservancies hinsichtlich Wildtierzählungen, Feuermanagement, Ansiedlung von Wildtieren und anderen Maßnahmen. Die Einnahmen, die in den Conservancies erzielt werden, weisen eine steigende Tendenz auf. Das Modell der Conservancies hat gezeigt, dass eine nachhaltige Bewirtschaftung der Natur eine ertragreiche Landnutzungsform darstellen kann.

Der Caprivi-Streifen und seine Schutzgebiete

Aus der Kolonialzeit stammt das geopolitische Kuriosum der Caprivi-Provinz, auch Caprivi-Streifen genannt: ein schmaler Landstrich im Nordosten von Namibia, der gleich einem gestreckten Finger gen Osten zeigt. Stellenweise nicht mehr als ca. 40 km breit, zieht er sich vom Westen ausgehend zwischen Angola, Botswana und Sambia entlang bis hin zur Mündung des Flusses Chobe in den Sambesi. Bis Ende des neunzehnten Jahrhunderts wurde der Caprivi-Streifen ausschließlich von Stammesfürsten regiert. Später fiel er unter das britische Protektorat Bechuanaland, bis schließlich im Jahre 1890 im tausende Kilometer entfernten Potsdam die Entscheidung über seine weitere Zukunft getroffen wurde: Nach Verhandlungen mit den Briten fiel der Caprivi-Finger im Rahmen des Helgoland-Sansibar-Vertrages der deutschen Kolonie und damit dem heutigen Namibia zu. Seinen Namen verdankt die Region dem damaligen deutschen Reichskanzler Leo von Caprivi, der als Nachfolger Otto von Bismarcks die Überlassung dieses Gebietes verhandelte. Sein Ansinnen war es, für das damalige Deutsch-Südwestafrika einen Zugang zum Sambesi zu erhalten. Über den Sambesi erhofften sich die Deutschen einen Wasserweg zur Küste des Indischen Ozeans – wohl dem Faktum zum Trotze, dass dieser Wasserweg durch etliche Stromschnellen und die Viktoriafälle behindert wurde. Noch heute gibt es jedoch Unabhängigkeitsbestrebungen. 1998 machte die Caprivi Liberation Army von sich reden, welche die Sezession des Caprivi-Streifens zum Ziel hatte. Auslandsjournalisten zufolge flohen über zweitausend separatistisch gesinnte Einwohner, die von angolanischen Rebellen unterstützt wurden, nach Botswana, um Gefängnisstrafen zu entgehen.[9]

- Etwa 80 000 Menschen leben in dieser namibischen Provinz. Die Mehrheit der Bevölkerung stammt von den Lozi ab. Neben den beiden größten Volksgruppen der Mafwe und Masubia zählen auch Mayeyi, Mbukushu und San zu den Einheimischen. Sie sprechen die Bantusprachen Silozi, Sifwe, Sisubia und andere Dialekte. Die Provinz Caprivi unterteilt sich in mehrere Bezirke, denen jeweils ein Stammesfürst vorsteht

(sogenannte traditionelle Autoritäten). Lokale Traditionen werden aufrechterhalten, beispielsweise jene der Kutha – ein Gericht, dessen Gremium Rechtsverstöße regelt.

- Die Caprivianer leben vorwiegend selbsterhaltend von der Landwirtschaft. Sie halten Vieh, fischen und pflanzen Gemüse und Getreide wie die verbreitete Perlhirse (Mahangu) an.
- Die Landschaft im Caprivi-Streifen ist von Savanne, Laubwäldern und den Sumpfgebieten und Schwemmebenen des Linyanti geprägt. Die typische Vegetation umfasst beispielsweise den Johannisbrotbaum (*Burkea afrikana*), den Mopani (*Colophospermum mopane*) und den Rhodesien-Teak (*Kaikiaea plurijuga*). In der Vergangenheit waren die Wildtierbestände im Caprivi-Streifen aufgrund der militärischen Konflikte mit Angola und einer ungünstigen Umweltpolitik stark geschrumpft. Heute gibt es nirgends in Namibia mehr Elefanten, Büffel oder Nilpferde als im Caprivi-Streifen. Der Landstreifen gilt daher als einer der Hot Spots der Biodiversität in Namibia und ist zudem wegen seiner althergebrachten Wildtierrouten von herausragender Bedeutung für KAZA. Ein großer Teil seiner Fläche wird von drei Nationalparks und zwölf Conservancies eingenommen.

Der Bwabwata-Nationalpark

Bwabwata wurde im Jahr 2007 zum Nationalpark erklärt. Der Park nimmt mit einer Fläche von 6100 km^2 den größten Teil des Caprivi-Streifens ein und ist über Conservancies und Waldschutzgebiete mit den Schwemmebenen der Nationalparks Mudumu und Nkasa Lupala verbunden. Obwohl der Park bereits seit 1966 ein Schutzgebiet ist, kann er erst seit der Unabhängigkeit Namibias effektiv dem Tierschutz dienen, denn während des namibischen Befreiungskrieges war das Areal ein Militärgebiet der südafrikanischen Armee. Der Trans-Caprivi-Highway, die einzige geteerte Straße in diesem Gebiet, dessen Bau durch die deutsche Entwicklungszusammenarbeit über die KfW mitfinanziert wurde, führt als Ost-West-Achse mitten durch den Park. Etwa fünftausend Menschen, überwiegend San, leben auf diesem Territorium, das in unterschiedliche Bereiche eingeteilt ist. Eine Kernzone des Naturschutzes ist das wasserreiche, am Okavango gelegene Mahangogebiet, das über 450 Vogelarten beherbergt, darunter beispielsweise Klun-

■ Das von den Herero stammende Wort Omuramba bezeichnet ein prähistorisches Flussbett, wie es in den Kalaharigebieten in Namibia und Botswana vorkommt. Ähnlich wie Flüsse haben die Omurambas Namen. Da sich in ihnen gelegentlich nach starken Regenfällen Wasser sammelt, weisen sie eine andere Flora auf als der sie umgebende Sandboden.

kerkraniche (*Bugeranus carunculatus*), Bandschlangenadler (*Circaetus cinerascens*), Woodford-Kauze (*Strix woodfordii woodfordii*), Ge Pel-Fischeulen (*Bubo peli*), Narinatrogone (*Apaloderma narina*) und die Gelbschnabel- (*Buphagus africanus*) bzw. Rotschnabel-Madenhacker (*Buphagus erythrorhynchus*), die sich bevorzugt auf dem Rücken von Großtieren wie Büffeln oder Antilopen niederlassen, um dort nach Blut, Zecken und Maden zu picken. Es ist das an Vogelarten reichste Schutzgebiet Namibias.

Der Park wird im Westen vom Okavango und im Osten vom Kwando begrenzt, von dessen Ufer aus sich eine weitere Kernzone erstreckt. Die Beschaffenheit seines Bodens und der Vegetation begünstigt Brände. Der Rhodesien-Teak und der falsche Mopane (*Guibourtia coleosperma*) wachsen auf seinen Sanddünen, während in den Omurambas Kameldornakazien (*Acacia erioloba*) und Leadwood-Bäume (*Combretum imberbe*) gedeihen. Der Park ist ein wichtiges Refugium und eine Vermehrungsstätte für den gefährdeten afrikanischen Wildhund. Auch Elefanten, große Büffelherden, Zebras, Pferde- und Rappenantilopen, Löwen, Leoparden, Geparden und Hyänen können hier beobachtet werden. Entlang der Flussufer gibt es Nilpferde und wasserliebende Antilopen wie etwa die Sumpfantilope und die Rote Letschwe, deren Wiederansiedlung durch das Ministerium für Umwelt und Touristik veranlasst wurde. Der Park gilt als Pionierprojekt der Ethik des „Leben und am Leben lassen" und als beispielhaft dafür, wie die ansässige Bevölkerung die Wildtiere schützt und von ihnen profitiert. Die im Osten angrenzenden Conservancies unterhalten zwei Zeltplätze am Kwando.

Der Mudumu-Nationalpark

Tausend Quadratkilometer an Baum- und Strauchsavanne, Papyrus, hochgewachsenem Schilfgras und von Laubbäumen und Fächerpalmen gesäumten Auen des Kwando prägen das Antlitz von Mudumu. Süßdornakazien (*Acacia nigrescens*), Ebenholz (*Diospyros mespiliformis*) und Garciniabäume (*Garcinia livingstonei*) sind vorherrschende Baumarten. Dieser im Jahr 1990 gegründete Nationalpark wird zumeist als beispielhaft für die Kooperation von Regierung, lokaler Bevölkerung und den Conservancies hervorgehoben. Das Parkmanagement arbeitet gemeinsam mit Conservancies und traditionellen Oberhäuptern an der Feuerbekämpfung, am Monitoring und der Translokation von Wildtieren. Mudumu hat keinen ausgewiesenen Parkeingang und ist nicht umzäunt. So schützt er wichtige Wildtierkorridore, welche Tierhabitate in Angola, Botswana und Sambia verbinden. Elefanten, Büffel, Löwen, Leoparden, Geparden, Hyänen, der afrikanische Wildhund, Nilpferde, Krokodile, Otter, Sumpfantilopen, Zebras, Gnus und Adler laden zur Tierbeobachtung ein. Afrikas größte Antilopenart, die Elenantilope (auch als Eland bekannt), die eher seltene Rappenantilope und die Giraffe wurden vom Ministerium für Umwelt und Tourismus im Mudumu-

Park wieder angesiedelt. Einige Tiere wurden mit GPS-Halsbändern versehen, worüber ihre Positionen geortet werden können. Sie vermitteln somit wichtige Erkenntnisse an Ranger und Wissenschaftler über ihre Ortspräferenzen und ihr Wanderverhalten. Für Touristen stehen im Park Unterkünfte in zwei privaten Lodges zur Verfügung.

Der Nkasa-Lupala-Nationalpark (Mamili)

Der faszinierende Nkasa Lupala ist seit 1990 ein Nationalpark, am Fluss Kwando/Linyanti gelegen, der bei hohem Wasserstand des Kwando zu drei Vierteln von den Fluten des Kwando überschwemmt wird. Er ist daher nicht ganzjährig zu besuchen, sondern nur von September bis April. Das 320 km^2 weite Gelände ist das größte, geschützte Feuchtgebiet Namibias. Diese Landschaft der Riedgräser, Schilfrohre, Lagunen und der dichten Baum- und Strauchsavanne bietet optimale Bedingungen für Jungtiere und als Brutstätte. In Anlehnung an die zwei Erhebungen im Park ist der Name Nkasa-Lupala-Nationalpark entstanden. Nkasa und Lupala sind zu Zeiten der Flutungen von Wasser umschlossene Inseln. In den trockenen Wintermonaten jedoch sind sie gelegentlich mit einem Auto erreichbar und werden gerne auch von Elefantenherden aufgesucht. Der Park war vormals unter dem Namen Mamili bekannt, welcher von der Volksgruppe der Mafwe rührt. Sie leben im Osten der Caprivi-Provinz und hatten seit 1864 sieben Oberhäupter, welche alle den Namen Mamili trugen. Der Park wird von einem traditionellen Elefantenkorridor durchzogen und beherbergt eine große Population an Büffeln. Eine Vielzahl weiterer Tierarten ist hier beheimatet, darunter Nilpferde, Krokodile, Löwen, Leoparden, Hyänen, afrikanische Wildhunde, Warzenschweine, Fleckenhalsotter und Waraneidechsen. Neben der Pferdeantilope, dem Impala, der Roten Letschwe, der Sumpfantilope und dem Kudu ist auch der Puku (*Kobus vardonii*) aus der Gattung der Wasserböcke, der nur noch in wenigen verbleibenden Stätten beheimatet ist, hier vorzufinden. Der Nationalpark ist ebenfalls ein Paradies für wasseraffine Vögel wie Kraniche, Trappen und Reiher. Etwa 430 Vogelarten lassen sich hier ausmachen. Der seltene Braunkehlreiher (*Egretta vinaceigula*), der ein äußerst kleines Verbreitungsgebiet im Norden Botswanas und im Caprivi-Streifen hat, lässt sich hier ebenso beobachten wie Klunkerkraniche (*Bugeranus carunculatus*), Rubinkehlpieper (*Macronyx amelia*), Schwarzrückenfalken (*Falco dickinsoni*), afrikanische Sultanshühner (*Porphyrio alleni*), Zwergblatthühnchen (*Microparra capensis*), überwinternde Schwarzflügel-Brachschwalben (*Glareola nordmanni*), Langzehenkiebitze (*Vanellus crassirostris*), Cistensänger (*Luapula cisticola*), Papyrusrohrsänger (*Acrocephalus rufescens*), Kupferschwanzkuckucksvögel (*Centropus cupreicaudus*) und Grillkuckucksvögel (*Centropus grillii*). Auf der anderen Seite des Kwando, am südlichen Ufer, schließt sich die Sumpflandschaft des Linyanti an, die dem botswanischen Nationalpark Chobe angehört. Der Park

ist wenig erschlossen. Erst kürzlich wurde eine Brücke gebaut, die die Zufahrt zum Park erleichtert und die schöne Nkasa-Lupala-Lodge öffnete ihre Pforten. Ausgedehnte Bootsfahrten durch die Papyrus- und Schilfgraslandschaften bieten nun Gewähr dafür, dass der Besucher Nilpferde, Krokodile und unzählige Wasservögel vor die Linse seiner Kamera bekommen kann. Die unverstellte weite Wasserwelt des Mamili ist ein Paradies für Menschen, die mit sich und der Natur gerne alleine sind.

Der Popa-Wildtierpark

Popa ist ein kleiner, bewaldeter Park (Popa Game Park) mit ausgedehnten Wiesen von der Fläche eines Viertel-Quadratkilometers, der 1989 zum Schutzgebiet erklärt wurde. Er liegt am Westufer des Okavango und beherbergt die Popafälle. Das sind durch Quarzitfelsen verursachte Stromschnellen, die das Wasser über ein Gefälle von vier Metern leiten, ehe der Fluss seinen Lauf zum Okavangodelta fortsetzt. Die charakteristischen Bäume des Parks sind das immergrüne Ebenholz (*Diospyros mespiliformis*), das gerne auf Termitenhügeln wächst, und die Süßdornakazie (*Acacia nigrescens*). Popa beherbergt eine große Zahl an Vogelarten, beispielsweise den Braunkehlreiher (*Egretta vinaceigula*), den Sattelstorch (*Ephippiorhynchus senegalensis*), den Fledermausaar (*Macheiramphus alcinus*), den Bandschlangenadler (*Circaetus cinerascens*) oder die Rotflügel-Brachschwalbe (*Glareola pratincola*). Im Fluss leben Krokodile, Nilpferde und Raubwelse. Das Angeln ist im Popa-Park möglich. Durch seine Nähe zu Bwabwata ist der Park ein wichtiges Gebiet für die Tiermigration.

Der Khaudum-Nationalpark

Der Park liegt im Nordwesten Namibias an der Grenze zu Botswana, die durch einen Zaun befestigt ist. Er wurde bereits 1989 deklariert und umfasst 3842 km². Noch gibt es dort deutlich mehr Elefanten als Parkbesucher. Der Park beherbergt unter anderem Pferdeantilopen, Rappenantilopen, Kudu, Riedböcke, Elen- und Leierantilopen, Strauße, Wildhunde, Löwen, Leoparden und Geparden und über dreihundert Vogelarten. Es gibt keine Grenzzäune zu den anliegenden Conservancies, so dass die Wildtiere zwischen den Conservancies und dem Nationalpark-Terrain frei umherziehen können. Der Boden besteht vorwiegend aus einem Kalahari-Sandveld mit Omurambas, die von den Wildtieren gerne als Wanderroute genutzt werden. Die Vegetation besteht größtenteils aus Baum- und Strauchsavanne. Die meisten der dort wachsenden Bäume gehören Arten an, die bevorzugt auf sandigen Böden wachsen. Der Baumbestand umfasst den Leadwood-Baum (*Combretum imberbe*), die falsche Mopani (*Guibourtia coleosperma*), den Rhodesien-Teak (*Baikiaea plurijuga*), den Tambutibaum (*Spirostachys afrikana*), den afrikanischen Affenbrotbaum (*Adansonia digitata*) und die Kameldorn-Akazie (*Acacia erioloba*), die eine bevorzugte Speise der Giraffen ist.

Botswana

Fakten zum Land

Botswana ist ein semi-arides Land, dessen Fläche von 581 730 km² mit der Größe Frankreichs vergleichbar ist. Damit ist das Land etwa halb so groß wie der größte KAZA-Partner Angola. Es ist ein Binnenland, überwiegend flach und zu 84 % vom Sand der Kalahari bedeckt, und liegt auf einer Höhe von rund tausend Metern. Circa die Hälfte seiner zwei Millionen Einwohner, auch Batswana genannt, lebt in urbanen Gegenden, vor allem im Osten und Südosten des Landes. Die Touristenzentren Maun und Kasane liegen dagegen im spärlich besiedelten Nordwesten. Dort findet sich auch ein UNESCO-Weltkulturerbe: Die älteste ethnische Gruppe des Landes, die San oder auch Barsawa, hat in den Tsodilo Hills tausende Felsmalereien hinterlassen, von denen vermutet wird, dass einige von ihnen bis in die Steinzeit zurückdatieren. 78,2 % der Bevölkerung sind heute ethnisch den Tswana zugehörig – einer Volksgruppe, die auch in Südafrika sehr verbreitet ist – und sprechen die Bantusprache Setswana.

Über Jahrhunderte hinweg lebten die Volksgruppen und Stämme in Botswana von der Jagd, dem Ackerbau und der Viehzucht. Zuweilen drangen andere Stämme aus dem Norden und Osten in das Gebiet ein und es kam zu kriegerischen Auseinandersetzungen. Im neunzehnten Jahrhundert stießen die Buren aus dem südafrikanischen Transvaal in den Norden vor, um sich dort niederzulassen. Ein Konflikt mit den ansässigen Batswana begann, in dessen Zusammenhang die Batswana die britische Regierung, die zu dieser Zeit die Kapkolonie beherrschte, um Hilfe baten. England stellte das Gebiet unter seinen Schutz – das Protektorat „Bechuanaland“ war entstanden. Der südliche Teil des Bechuanalandes gehört heute zu Südafrika, aus dem nördlichen Teil ging 1966 die unabhängige Republik Botswana hervor.

Botswana ist reich an Bodenschätzen: Kupfer, Nickel, Gold und Kohle werden gefördert; insbesondere jedoch seine Diamantenvorkommen sind eine wesentliche Einnahmequelle, auf der die Wirtschaft des Landes fußt. Etwa ein Drittel des Bruttoinlandproduktes geht auf die Diamantenförderung zurück, die zu Teilen in den Händen der Regierung liegt. Seit den ersten Funden in den 1960er und 1970er Jahren zählt Botswana zu den weltweit größten Produzenten von hochwertigen Diamanten für Juwelen und Schmuckstücke. Die Exporte des Landes werden dementsprechend vom Diamantenhandel mit europäischen Ländern und mit Südafrika dominiert. Der Handel mit den Edelsteinen verhalf dem Land in den vergangenen Jahrzehnten zu einem hohen Wirtschaftswachstum, sorgt jedoch auch für eine große Abhängigkeit von der Weltwirtschaftslage. Ein weiterer für Botswana bedeutender Wirtschaftszweig ist der Tourismus, der zur Diversifizierung der Wirtschaft weiter ausgebaut werden soll. Die Landwirtschaft trägt zum Bruttosozialprodukt vergleichsweise wenig bei; der bedeutendste Posten ist hierbei der Export

CHOBE ENCLAVE EAST

von Rindfleisch. Das Pro-Kopf-Einkommen lag 2010 bei 7402 US-Dollar – das ist der höchste Wert unter den fünf KAZA-Ländern und beträgt das Zwölffache des Pro-Kopf-Einkommens von Simbabwe. Und doch sagt er nichts über die Verteilung des Einkommens innerhalb der Bevölkerung aus. Noch immer lebt auch in Botswana ein bedeutender Anteil der Bevölkerung in armen Verhältnissen oder ernährt sich ausschließlich von der Jagd und dem eigenen Getreide- und Gemüse-Anbau. Botswana hat im Vergleich zu den vier anderen KAZA-Ländern zwar beispielsweise die höchste Rate an Einwohnern, die über einen Elektrizitätsanschluss verfügen, doch war dies im Jahr 2009 noch weniger als die Hälfte der Bevölkerung.

Botswana gilt als das friedlichste Land Afrikas.[10] Ein Hauptproblem des Landes ist seine hohe HIV-Infektionsrate. Offizielle Zahlen weisen aus, dass jeder vierte Batswana mit dem Virus infiziert ist. Zur Bekämpfung der Krankheit hat die Regierung Programme zur Prävention und zur Behandlung von HIV ins Leben gerufen.

18,2 % der Landesfläche stehen unter Naturschutz in Form von Nationalparks, Tierreservaten (Game Reserves) und Waldschutzgebieten (Forest Reserve). Weitere 23 % fallen unter den Schutz der Wildmanagementgebiete (Wildlife Management Areas). Das wichtigste Feuchtökosystem, das Okavangodelta, zählt zu den international bedeutendsten Feuchtgebieten und steht unter dem Schutz der internationalen Ramsar-Konvention.

Auch in Botswana gibt es seit den 1990er Jahren ein kommunales Management der natürlichen Ressourcen. Die ersten Kommunen waren fünf Dörfer, die 1993 den Chobe Enclave Conservation Trust (CECT) auflegten, um Einnahmen über touristische Aktivitäten zu generieren.

Zu KAZA gehören der Chobe-Nationalpark und angrenzende Schutzgebiete, das Okavangodelta und die Nxai-Pans- und Makgadikgadi-Nationalparks mit umliegendem Gelände.

Der Chobe-Nationalpark

Elefanten in schier unglaublicher Vielzahl, Nilpferde aus nächster Nähe, große Büffelherden – der älteste Nationalpark Botswanas ist für seine spektakuläre Fülle an Großtieren bekannt. Weit über hundertzwanzigtausend Elefanten wurden im Park gezählt. Am Ufer des Flusses Chobe tummeln sie sich neben anderen Wildtierarten in eindrucksvollen Mengen, insbesondere in den Wintermonaten. Dann sind die Wasserlöcher an anderen Stellen des Parks durch das regenarme Klima bereits ausgetrocknet und das Wasser der Chobe Riverfront übt eine Leben spendende Anziehungskraft aus. Zebras, Giraffen, Büffel, Streifengnus, Leierantilopen, Elenantilopen, Wasserböcke, Kudu, Rappen- und Pferdeantilopen, der Rote Letschwe und der nirgendwo sonst in Botswana zu beobachtende Puku leben unter anderen Arten im

Chobe: der Fluss der vielen Namen

Der Fluss Chobe entspringt dem Hochland Angolas unter dem Namen Cuando bzw. Kwando. Im Südosten des Landes bildet er die Grenze zwischen Angola und Sambia und durchfließt anschließend den Caprivi-Zipfel, in dessen Südspitze er sich bis zur Landesgrenze von Botswana bei Ngoma verästelt und in die Linyanti-Sumpflandschaft ergießt. In diesem Abschnitt wird er auch Linyanti genannt. Vor über 10 000 Jahren flossen der Cuando und der Okavango zusammen und mündeten südlich in den nicht mehr existenten Lake Makgadikgadi, bis eine geologische Hebung den Linyanti in eine nordöstliche Fließrichtung umleitete und an diesem Wendepunkt die Linyanti-Sümpfe entstehen ließ. Von den Linyanti-Sümpfen aus strömt der Fluss weiter und wird unter dem Namen Chobe zur Trennlinie zwischen den Staaten Namibia und Botswana, bis er im Quasi-Vierländereck bei Kazungula in den mächtigen Sambesi mündet.

Chobe Park. Ihnen lauern Raubtiere wie Löwen, Geparden, Leoparden, Hyänen, Schakale und auch Krokodile auf. Über 450 Vogelarten wurden im Nationalpark registriert. Häufig zu sehen sind Eisvögel, Schreiseeadler, Störche, Ibisse, Nilgänse, Schlangenhalsvögel, Kormorane und Bienenfresser.

Vormals ein Wildtierreservat, wurde die heute unbesiedelte Gegend 1967 zum Nationalpark erklärt. Die Ruinen von Serondela zeugen von der Holzindustrie, die dort bis in die 1970er Jahre noch betrieben wurde. Aufgrund seiner Tierfülle und der Nähe zu dem gut erreichbaren Städtchen Kasane und den nur etwa 80 km entfernt gelegenen Viktoriafällen ist Chobe einer der meistbesuchten Nationalparks im KAZA-Gebiet.

Der Park erhielt seinen Namen vom Fluss Chobe, der die nördliche Grenze bildet. Eine Sandstraße führt nahe des Flussufers entlang, so dass sich Nilpferde und andere badende Tiere gut beobachten lassen. Alternativ laden Bootstouren dazu ein, die Flussufer aus nächster Nähe vom gemächlich fließenden Gewässer aus zu betrachten. Neben der üppig bewachsenen Chobe Riverfront ist das Parkgelände von trockener Savanne und Sümpfen geprägt. Mit einer Ausdehnung von etwa 11 000 km^2 entspricht der Park circa einem Viertel der Fläche der Schweiz.

Mit einsetzendem Regen in der Zeit zwischen November und März wandern Elefanten und Zebras aus den Wäldern und Auen des nördlichen Nationalparks, dem üppigen Gras- und Pflanzenwuchs folgend, durch die Savanne in die dutzende Kilometer weiter südlich gelegenen Ngwezumbapfannen und in die Savuti-Marsch.

Die Savuti-Marsch liegt im Westen des Nationalparks – ungefähr 50 km nördlich des Parkeinganges von Mababe – und wird vom Savutikanal (Savuti Channel) gespeist. Dieser wiederum erhält seine Wasserzufuhr vom Linyanti und mäandriert von den Linyantisümpfen aus rund 100 km ostwärts. Die Sumpf-

landschaft in der Mababesenke, in die sich der Savuti verliert, ist für ihre hohe Wildtierdichte bekannt. Schon Livingstone berichtete von der Fülle an Pflanzen und Tieren in dieser Gegend. Doch der Savuti ist unberechenbar und barg lange Zeit ein hydrologisches Mysterium: den Zeiten hohen Wasserstandes folgten lange Jahre der Dürre. Dieser Wechsel zwischen Überflutung und Austrocknung lässt bis heute keine Gesetzmäßigkeiten erkennen. Als Livingstone in der Mitte des neunzehnten Jahrhunderts die Savuti-Sümpfe besuchte, flossen die Wasserströme reichlich. Dreißig Jahre später lag das Flussbett trocken und dies sollte bis in die späten 1950er Jahre so bleiben – über achtzig Jahre lang. 1982 begann eine weitere Zeit der Dürre über eine Dauer von knapp dreißig Jahren. Der Savuti wurde bekannt als der „sterbende Fluss". Die Trockenzeit ließ sowohl die Savuti-Sümpfe mitsamt ihrer Umgebung ausdörren als auch viele Tiere auf der verzweifelten Suche nach Wasser verenden. Das nationale Amt für Wild und Nationalparks (DWNP – Botswana Department of Wildlife and National Parks) ließ Wasserlöcher bohren, um den Wildtieren neue Wasserstellen zu eröffnen. Unerwartet erreichten im Jahr 2010 schließlich wieder die ersten Wasserströme des Savuti die Sumpflandschaft und belebten die Flora und Fauna neu. Tektonische Verschiebungen werden heute als Auslöser vermutet, die das Marschland in unregelmäßigen, langjährigen Abständen von ihrer Wasserzufuhr abschneiden. Zahlreiche tote Bäume zeugen von der Launenhaftigkeit des Flusses. Während sie in den trockenen Zeiten hochwuchsen, führte die nachfolgende Überschwemmung dazu, dass ihre Wurzeln verrotteten.

Der faszinierende Tierreichtum des Chobe-Nationalparks hat seine Schattenseiten: Besonders die zahlreichen Elefanten hinterlassen eine Spur der Verwüstung in der Vegetation. Der Chobe-Nationalpark hat offene Grenzlinien zum Moremi Game Reserve im Okavangodelta und zu den östlich gelegenen staatlich geschützten Reservaten. Doch bleibt die traditionelle Migration der Elefanten, deren Gründe nicht eindeutig erforscht sind, und anderer Wildtiere in Richtung Angola und Sambia behindert. Noch stehen Veterinärzaune an der Staatsgrenze zu Namibia und im Zentrum Botswanas der Tierwanderung im Wege. Dies schürt die Befürchtungen einer weiter wachsenden Elefantenpopulation, die potenziell zur Verdrängung anderer Tierarten führen könnte. Um die Situation zu erleichtern, wurde 2011 ein 35 km breites Stück des Zaunes an der Grenze zum Caprivi-Zipfel geöffnet.[11] Eine Erweiterung der Zaunöffnung an anderen wichtigen Migrationsrouten der Elefanten und die sichere Unterhaltung der biologischen Korridore in Zusammenarbeit mit der Bevölkerung sind Schlüsselelemente für die Erhaltung der Biodiversität in diesem Gebiet.

Das Okavangodelta

Im Nordwesten Botswanas liegt ein schier unermesslicher, grüner Flickenteppich aus Inseln, Lagunen, Sümpfen und Wasserkanälen. Es ist einer der Diamanten unter den Landschaftsformationen der KAZA-Region. Das Terrain ist ein beinahe unberührtes Naturparadies, spärlich besiedelt und von Eingriffen des Menschen weitgehend verschont. Es ist das Binnendelta des Okavango und zählt zu den bedeutendsten und größten Feuchtgebieten der Welt. Dieser „Hot Spot" der Biodiversität steht für einen Superlativ an Wildtierreichtum, landschaftlicher Schönheit und für ein einmaliges Ökosystem. So ist es nicht verwunderlich, dass gegenwärtig Bestrebungen im Gange sind, das Delta zum UNESCO-Biosphärenreservat zu ernennen.

Im Okavango fließen die Wasser aus der Provinz Cuando Cubango im Hochland Angolas zusammen. Er ist ein endorheischer Fluss – ein Fluss, der sich nicht in ein Meer entwässert. Stattdessen teilt er sich nach hunderten zurückgelegten Kilometern in Botswana in mehrere Flussarme auf, die sich schließlich nördlich der Wüste Kalahari im Sand verlieren. Mit einer Länge von mehr als 200 km und einer Breite von ca. 150 km ist das Delta auf Satellitenbildern deutlich zu erkennen. Es erinnert in seiner Form an einen ausgefransten Reisigbesen mit kurzem Stiel. Dieser Stiel, auch Pfannenstiel genannt, birgt eine permanente Sumpflandschaft, die sich in den Nordosten des Deltas ausdehnt. Menschliche Siedlungen befinden sich vor allem in der Umgebung des Pfannenstiels, welcher das Flusswasser des Okavango langsam und gemächlich in den südlich gelegenen Schwemmfächer weiterleitet. Saisonale Überschwemmungen sind die Resultate, deren Ausmaße von den Wassermengen des Okavango, den sommerlichen Regenfällen in Angola, Namibia und Botswana sowie den Mengen der Verdunstung durch Wasserflächen und Pflanzen abhängen. Sechs Monate brauchen die Wassermassen für ihre Reise vom Pfannenstiel bis an das südliche Ende des Deltas, denn die Landschaft des Deltas weist keine nennenswerte Neigung auf. Das Wasser des oberen Flusslaufes erreicht das untere Delta also erst inmitten des Winterdurstes von Juni bis August und bietet somit Leben spendende Nahrung und Flüssigkeit in der Trockenzeit. Dann strömen die Wildtiere aus der äußeren Umgebung in das Innere des Deltas, um ihren Durst zu stillen. Denn trotz seiner hohen Verdunstungsrate ist das kristallklare Wasser des Deltas nicht versalzen und bietet so die entscheidende Grundlage für seine artenreiche Flora und Fauna.

Die Landschaft ist ein Mosaik aus Lagunen, von Riedgras und Papyrus gesäumten Wasserkanälen und saisonalen sowie permanenten Sümpfen, das sich täglich mit neuem Gesicht zeigt. Nicht zuletzt die großen Wildtiere wie beispielsweise die Nilpferde, die sich ihren Weg durch die Sümpfe bahnen, beeinflussen das Netz an Wasserwegen erheblich. Aber auch die Sedimentablagerungen des Okavango und der Pflanzenwuchs bestimmen ständig neu, wohin sich das Wasser allmählich ausbreitet. Grasland

Das Ramsar-Schutzgebiet

Im Jahr 1975 trat ein internationaler Vertrag zum Umweltschutz in Kraft, der als Ramsar-Konvention bekannt ist. Die iranische Stadt Ramsar war Ort der Vertragsverhandlungen und gab der Konvention ihren Namen. Das Übereinkommen bezieht sich auf Feuchtgebiete, die von globaler Bedeutung für Wasservögel sind, und zielt darauf ab, dem beobachteten Rückgang von Wasservogelarten entgegen zu wirken. Die Unterzeichnerstaaten verpflichten sich zum Schutz ihrer Feuchtgebiete und zu ihrer nachhaltigen Nutzung unter ökologischen Gesichtspunkten. Das Okavangodelta zählt zu den größten Ramsar-Schutzgebieten der Welt.

und Waldflächen, gespickt mit mannshohen Termitenhügeln, schließen sich den Schwemmgebieten an und bewachsen die permanenten Erhebungen von Chief's Island und Duba Island und die in die Sümpfe ragenden Landzungen. 444 Vogelarten wurden – mit Unterstützung von Amateurornithologen – im Okavangodelta gezählt. Die weltweit größte Einzelpopulation an Klunkerkranichen (*Bugeranus carunculatus*) ist hier ebenso beheimatet wie der Braunkehlreiher (*Egretta vinaceigula*), von dessen globaler Population 85 % im Delta leben. Zu den 122 Arten an Säugetieren gehören die akut bedrohten afrikanischen Wildhunde und das gefährdete Breitmaulnashorn, das dort wieder angesiedelt wurde. Das Delta bietet einen Lebensraum für 33 Arten an Amphibien – davon kommen acht Arten in Botswana nur im Okavangodelta vor – und für 64 Reptilienarten und ist ein Habitat von über tausend Pflanzenarten.[12]

Das Wildtierreservat Moremi bildet mit 4865 km² die Kernschutzzone im Okavangodelta. Es wurde einst von der lokalen Bevölkerung gegründet, bevor der Staat es als nationales Schutzgebiet übernahm. Moremi ist umgeben von kommunalen Wildtierreservaten, Jagdgebieten und Waldschutzgebieten, durch die eine Verbindung zu den Nationalparks Chobe, Nxai und Makgadikgadi entsteht. Das gesamte Okavangodelta untersteht den Schutzrichtlinien der Ramsar-Convention, die 1997 von Botswana unterzeichnet wurde.

Das Okavangobecken wurde von geologischen, nordwestlich verlaufenden Verwerfungen mit den Namen Thamalakane, Gumare und Kunyere geformt, die das Delta begrenzen. Im Schnitt flutet der Okavango das Delta mit zehn Milliarden Kubikmetern Wasser jährlich.[13] Fast alles davon verdunstet. Bei großen Wassermengen sickert jedoch ein geringer Prozentsatz davon durch die Thamalakane-Verwerfung zu dem südöstlich gelegenen Fluss Boteti, der in die Makgadikgadipfannen mündet. Dies war zuletzt im Jahr 2009 der Fall und belebte den jahrelang ausgetrockneten Flusslauf des Boteti neu. Bis heute treten sporadisch seismische Aktivitäten auf, die auf das Wassersystem und seine Umgebung einwirken. Auch der Zufluss in den Ngamisee, südlich des Deltas, wird durch tektonische Bewegungen beeinflusst. Die Größe des Sees ist daher sehr variabel. Ebenfalls lässt die wechselhafte Historie des Selinda Spillway, ein saiso-

naler Kanal, der das Delta mit dem Linyanti-Flussystem verbindet, seismische Abhängigkeiten vermuten, denn kleine Hebungen oder Senkungen können den Zufluss zum Kanal blockieren oder wieder öffnen.

Ein großer Teil der Bevölkerung im Okavangodelta und in dessen Umgebung bestreitet ihren Lebensunterhalt ausschließlich durch Subsistenzlandwirtschaft und Fischerei. Besonders markant sind die Flussbuschmänner, die mit ihren hölzernen Einbaumbooten über die Kanäle gleiten. Solch ein Boot wird Mokoro genannt und wurde traditionell aus dem leichten, wasserundurchlässigen Holz des Leberwurstbaumes (*Kigelia africana*) gefertigt. Diese Bäume stehen jedoch mittlerweile unter Schutz. Heute ist der Tourismus ein wichtiger Wirtschaftszweig im Okavangodelta. Dies hat besonderen Einfluss auf das Städtchen Maun, das in der Nähe des Deltas liegt und jährlich für tausende von Touristen das Einfallstor in diese faszinierende Sumpf- und Wasserwelt bildet.

Die Nationalparks Nxai Pan und Makgadikgadi

In prähistorischen Zeiten formte sich als Resultat einer geologischen Hebung inmitten Botswanas ein riesiger See, größer als die heutige Schweiz: der Makgadikgadi-See. Etwa vor zehntausend Jahren begann er auszutrocknen, da seine Zuflüsse durch weitere seismische Aktivitäten blockiert worden waren. Seine Hinterlassenschaft sind die heutigen Makgadikgadi-Salzpfannen: zwei große, ausgedehnte Becken mit den Namen Ntwetwepfanne (ca. 10 000 km^2) und Suapfanne (ca. 8000 km^2), umgeben von zahlreichen kleineren Pfannen. Ihre verkrusteten Böden sind kaum wasserdurchlässig, so dass sie sich durch Regenfälle mit Wasser füllen können. Im Sommer entsteht somit ein riesiges, saisonales Feuchtgebiet. Episodisch ergießen sich einige Flusssysteme in diese flachen Becken: das Okavangodelta etwa entwässert sich bei großen Wassermengen über den Fluss Boteti in den südlichen Teil der Pfannen; der Fluss Nata aus Simbabwe fließt saisonal in den Norden der Suapfanne. Das Wasser der Pfannen ist stark salzhaltig. Es bietet einen Lebensraum für kleine Salzwasserkrustentiere, die den trockenen Winter in einem Zustand der Kryptobiose überstehen – also mit reduzierten Stoffwechselvorgängen, ähnlich dem Winterschlaf der auf der nördlichen Halbkugel lebenden Tiere – und nach den sommerlichen Regenfällen in den Makgadikgadipfannen in hoher Zahl vorhanden sind. Sie sorgen für eine spektakuläre Ballung an Vögeln, insbesondere in der Suapfanne und im Nata Sanctuary, denn gemeinsam mit der Algenblüte ziehen sie jährlich über hunderttausend afrikanische und migratorische Rosa- und Zwergflamingos an, denen sie als Nahrungsgrundlage dienen.

Den größten Teil des Jahres bleibt die Gegend wasserlos und trocken. Nur wenige Pflanzenarten, insbesondere salztolerante Halophyten, wachsen in dem unwirtlichen Terrain der Salzpfannen. Das Buschland wird von Mopanesträuchern und -bäumen dominiert. Die endemischen Gräser *Sporobolus bechuanicus*

und *Panicum coloratum* subsp. *makarikariense* wachsen hier ebenso wie die endemische, kaktusähnliche Sukkulente *Hoodia currorii* subsp. *lugardii*, die von den San als Heilpflanze gegen Unterleibskrämpfe und andere Beschwerden geschätzt wird.

In der Trockenzeit halten sich die Wildtiere in der Nähe des Botetiflusses auf, der in den Zeiten, als das Flussbett trocken lag, mit künstlichen Wasserlöchern versehen wurde. Wenn der Regen einsetzt, gedeiht am Rande der Salzpfannen ein Gras, das außergewöhnlich reich an Mineralien ist und die Huftiere anzieht. Zwischen Dezember und März wandern Springböcke, Gemsböcke, Gnus und Zebras allmählich ostwärts zur reichhaltigen Nahrung der Salzpfannen, während sie von April bis November den Rückweg zum Fluss Boteti antreten. In dieser Region findet eine der größten Migrationen von Zebras in Afrika statt.

Zwei Nationalparks schützen einen kleinen Teil dieses weitgehend unbesiedelten Salzpfannenkomplexes: der Makgadikgadi- (3900 km^2) sowie der Nxai-Pan-Nationalpark (2578 km), die von der Teerstraße zwischen den Städten Nata und Maun getrennt werden. Der Nationalpark Nxai Pan umfasst die nördlichen Nxai-, Kudiakam- und Kgama-Kgamapfannen. Seine Vegetation besteht aus Wäldern, Savannen und weiten Grasflächen. Er wurde 1970 erstmals als Schutzgebiet deklariert und 1992 unter anderem um die Gegend der Baines‘ Baobab-Bäume erweitert und zum Nationalpark erklärt. Als Baines‘ Baobabs wird eine Gruppe von sieben Bäumen bezeichnet, die „sieben Schwestern“, die auf einem berühmten Gemälde des Malers und Abenteurers Thomas Baines zu sehen sind, das er 1862 in der Kudiakampfanne gemalt hat.

Der Nationalpark Makgadikgadi Pans umfasst einen kleinen Teil der Ntwetwepfanne im Westen. Seine Vegetation besteht aus Grasflächen, Buschland, Salzpfannen und dem bewaldeten Flussufer des Boteti. Palmenhaine und Baobab-Bäume finden sich an den Rändern der Salzpfannen. An Tierarten lassen sich Gemsböcke, Elenantilopen, Kudu, Wasserböcke, Springböcke, Duckerantilopen, Steinböckchen, Giraffen, Elefanten, Löwen, Leoparden, die immer seltener werdenden afrikanische Wildhunde und Hyänen beobachten. Das Nashorn wurde wieder angesiedelt. Das Flussufer des Boteti ist ein wichtiger Überwinterungsort für Pelikane, Störche und Reiher.

Ein Zaun führt im Westen des Makgadikgadi-Nationalparkes entlang, um die Rinderherden auf der Ostseite des Boteti von den Wildtieren des Nationalparks zu trennen und das gehaltene Vieh vor Raubtieren zu schützen. Um allen Tieren den Zugang zum Wasser zu ermöglichen, verläuft der Zaun im Zickzack quer durch den Fluss. Er wurde erst im Jahr 2004 errichtet, zu Zeiten als der Boteti trocken lag und die Wildtiere wie auch die Rinder das Flussbett leicht durchschreiten konnten. Gegenwärtig beschäftigen sich Forschungsarbeiten mit den Auswirkungen des Zaunes auf das Makgadikgadi-Ökosystem und vergleichen die Situationen der anliegenden Kommunen vor und nach dem Bau des Zaunes.

Die dörflichen Wildmanagement-Gebiete

Ähnlich wie in Simbabwe und in Namibia werden in Botswana viele an die Nationalparks angrenzende Gebiete durch die Bevölkerung gemanagt. Hier nennt man diese Gebiete Wildlife Management Areas (WMA). Das Konzept der WMA datiert auf das Jahr 1986 zurück, ist also weit über zwanzig Jahre alt und die Beteiligten haben einen reichen Schatz an Erfahrungen mit Erfolgen und Misserfolgen gesammelt.

Die Grundprinzipien sind ähnlich wie in den KAZA-Nachbarländern. Die Dorfgemeinschaften sind aufgefordert eine Vereinigung zu gründen, in Botswana ist das ein Trust und für das zu bewirtschaftende Gebiet muss ein Managementplan aufgestellt werden. Gegenwärtig finden sich die WMA hauptsächlich im ressourcenarmen Westen und im Norden des Landes.

Eine wertvolle Erkenntnis ist, dass die Einnahmen zwar in den WMA, die an wildreichen Parks liegen, wie beispielsweise beim Chobe Community Trust am elefantenreichen Chobe-Nationalpark, bemerkenswert hoch sein können. Der Ansatz jedoch, das Gros dieser Einkünfte „für schlechte Zeiten" auf Bankkonten anzulegen, führt nicht zu einer anderen Einstellung der Bevölkerung zum benachbarten Nationalpark. Die Menschen wollen sichtbare und fühlbare Verbesserungen ihrer Lebensumstände erfahren. So führt beispielsweise der Bau von Schulen und Krankenstationen oder die Verbesserung der Wasserversorgung, die direkt mit den Wildtiereinnahmen in Verbindung gebracht werden, zu deutlich positiveren Einstellungen den Parks gegenüber. Eine weitere Erkenntnis ist, dass die Verantwortlichen in den Dörfern, die die Mittel zu verwalten haben, sorgfältig auf diese Aufgabe vorbereitet werden müssen. Dem Umgang mit hohen Einnahmen, die nach Abschluss von Verträgen mit dem Privatsektor sehr plötzlich steigen können, und eine transparente Mittelverwendung sind Kenntnisse, die es zu erwerben gilt. Hier spielen in den KAZA-Ländern vor allem Nichtregierungsorganisationen wie der WWF eine herausragende Rolle in der Vermittlung solcher Fähigkeiten. Das Erstellen, Monitoren und Nachhalten von Managementplänen, das Personalmanagement in den Community Trusts, das Aushandeln und Abschließen von Verträgen mit professionellen Jagd- und Tourismusunternehmen sind Tätigkeiten, die nicht zum Alltag der Dorfbevölkerung in entlegenen Dörfern gehören. Ohne externe Unterstützung, Schulung und Kontrolle sind hier Fehlschläge unvermeidbar. Dennoch oder gerade deshalb ist es von eminenter Bedeutung, die Mitglieder der Gemeinden zu befähigen, allmählich in diese neuen Rollen hineinzuwachsen. Im KAZA-Vorhaben werden aus diesem Grund Gemeindemitglieder aus den verschiedenen Ländern zusammengebracht, damit sie ihre Erfahrungen austauschen können und gemeinsam nach Lösungsansätzen für bestehende Probleme suchen. In diesem Prozess können die botswanischen Gemeinden ihren Erfahrungsvorsprung den Gemeinden der Nachbarländer zur Verfügung stellen.

Simbabwe

Fakten zum Land

Simbabwe ist mit 386 850 km^2 das kleinste der fünf KAZA-Länder. Seine etwa 12,4 Millionen Einwohner gehören vor allem zwei großen Volksgruppen an, den Shona und den Ndebele. Seit Jahrtausenden besiedelt, beherbergte das Land im 11. bis 15. Jahrhundert eine Hochkultur und die größte Stadt des südlichen Afrika, dessen Namen der jetzige Staat trägt: Groß-Simbabwe ist heute eine Ruinenstadt und gehört zum Weltkulturerbe. Der Name Simbabwe bedeutet „große, steinerne Häuser". Hier stand der Königspalast des untergegangenen Munhumutapa-Reiches. Der Handel mit Gold und Elfenbein mit asiatischen Handelspartnern hatte zu einer großen, wirtschaftlichen Macht des Königreiches geführt. Bei seinem Niedergang spaltete sich das Land in zwei Reiche der Shona, deren Zerwürfnisse über Jahrzehnte andauerten. Ab 1684 hatte sich die Rozwi-Dynastie durchgesetzt, die jedoch 1838 von den in die Region eingedrungenen Ndebele gestürzt wurde. Deren Königreich bestand von 1837 – 1893 und umfasste ungefähr das heutige Simbabwe. Es zerfiel durch europäischen Einfluss. Der Engländer Cecil Rhodes erlangte 1888 mittels eines übervorteilenden Vertrags mit dem Ndebele-Staat die Hoheit über das heutige Simbabwe. Er wollte die Bodenschätze des Landes ausheben und den englischen Einfluss im südlichen Afrika vergrößern. Rhodes holte sowohl weiße Siedler wie auch eine Streitmacht ins Land, die gegen die Ndebele Krieg führte und ihren Staat zerstörte. Die weißen Siedler beanspruchten das fruchtbare Ackerland für sich und verdrängten die einheimische Bevölkerung in die semi-ariden, für die Landwirtschaft

■ Cecil Rhodes (1853 – 1902) war ein skrupelloser englischer Geschäftsmann, der das südliche Afrika zur Kolonialzeit erheblich geprägt hat. Als Kind wurde er aus gesundheitlichen Gründen nach Südafrika gesandt, wo er bereits mit zwanzig Jahren einen Anteil an einer Diamantenmine erwarb und äußerst vermögend wurde. Er war ein Mitbegründer des Unternehmens De Beers Mining und politisch in der Kapkolonie tätig. Rhodes war ein starker Fürsprecher des Imperialismus. 1886 schlug er seiner Regierung vor, seine für imperialistische Zwecke gegründete Gesellschaft BSAC (British South Africa Company) könne die Verwaltung der Territorien nördlich des Sambesi übernehmen, anstatt dass Portugal sie als Kolonialgebiet erhalte. Die britische Regierung verbriefte ihm 1889 unter anderen die Rechte, im heutigen Sambia Straßen und Häfen zu bauen, Telegraphenmasten aufzustellen und Schienen zu verlegen, Siedlungen zu gründen, Ländereien zu vergeben und die Immigration voranzutreiben. Arglistig handelte er den einheimischen Mashona (Shona) und Matabele (Nokbele) das Land ab. 1895 wurde Rhodesien – das sind heute die Länder Sambia und Simbabwe – nach ihm benannt. Rhodes träumte von einem ausgedehnten roten Korridor in Afrika – britisch kontrollierte Territorien wurden zu jener Zeit rot in den Landkarten markiert – und von einer Eisenbahnstrecke, welche die Kapkolonie mit Kairo verbände. Teile dieser Strecke wurden tatsächlich verwirklicht.

EXT

wenig geeigneten Gegenden. 1895 erhielt das Land den Namen Südrhodesien. Cecil Rhodes veranlasste den Bau der Eisenbahnstrecke zwischen dem südafrikanischen Kap und der Stadt Bulawayo und den Bau der Brücke über die Schlucht der Viktoriafälle.

1953 vereinigte Großbritannien das Nyasaland und Nord- und Südrhodesien zur Zentralafrikanischen Föderation, die nach nur zehn Jahren auseinanderbrach. Die unterdrückte schwarze Bevölkerung wurde zunehmend politisch aktiv. Nordrhodesien und das Nyasaland erlangten als Sambia und Malawi die Unabhängigkeit. In Südrhodesien jedoch war die herrschende weiße Schicht nicht bereit, eine schwarze Regierungsbeteiligung zuzulassen, was die von Großbritannien gestellte Voraussetzung für die staatliche Selbständigkeit war. Eigenmächtig rief Südrhodesien im Jahr 1965 seine Unabhängigkeit aus und provozierte dadurch Wirtschaftssanktionen der UN, die zu einem totalen Embargo ausgeweitet wurden. 1972 entfachten sich ein Bürgerkrieg und Guerillakämpfe, die mitsamt des Embargo zu einer stark verschlechterten wirtschaftlichen Lage führten. Schließlich wurden 1980 freie Wahlen möglich und der Status als selbstverwaltete britische Kolonie wurde beendet. Im April desselben Jahres wurde aus dem Land die unabhängige Republik Simbabwe. Der Sieger der Wahlen war der Rebellenführer Robert Mugabe, der für die folgenden 29 Jahre die Präsidentschaft des Landes innehaben sollte. Seine Regentschaft war jedoch von sozialen Unruhen, Oppression, Gewalt und unfreien Wahlen geprägt. Hatte Mugabe zu Beginn seiner Amtszeit den weißen Siedlern versöhnungsvoll die Hand gereicht, so ließ er zwanzig Jahre später im Zuge der Landreform die weißen Farmer aus dem Land vertreiben und verteilte die Ländereien um. Die Wirtschaft Simbabwes, die stark auf der Landwirtschaft beruhte, brach zusammen. Der simbabwische Dollar hatte bereits zuvor aufgrund eines immensen Staatsdefizits in einer Hyperinflation dramatisch an Wert verloren. Die sozialen Unruhen verstärkten sich und die Opposition gegen die Regierung nahm zu. Mugabe reagierte darauf mit einer Beschränkung der Rede-, Presse- und Versammlungsfreiheit und brachte den Rechtsstaat gänzlich zu Fall. Unter großem ausländischem Druck wurde schließlich ein Dialog zwischen der Regierung und der Opposition erreicht und im Jahr 2009 fand eine gemeinsame Regierungsbildung zwischen Mugabes Partei und der Opposition statt.

Simbabwe verfügt über Vorkommen mannigfacher Bodenschätze wie Diamanten, Gold, Silber, Platin, Kupfer und Nickel. Die Landwirtschaft mit dem Anbau von Mais, Baumwolle, Tabak, Kaffee, Tee, Erdnüsse und der Haltung von Rindern, Schafen und Ziegen sowie die Förderung von Bodenschätzen waren historisch die größten Stützpfeiler der Wirtschaft. Durch die Landreform wurden diese Wirtschaftszweige jedoch immens geschwächt. Der Tourismus bleibt ein wichtiges Segment der Wirtschaft, der seit der Bildung der neuen Regierung wieder an Aufschwung gewinnt. Im Vergleich mit den anderen vier KAZA-

Ländern hat Simbabwe die höchste Alphabetisierungsrate der über 15-jährigen, aber mit Abstand das niedrigste Pro-Kopf-Einkommen.

Simbabwes Landschaft ist von Johannisbrotgewächsen, Akazien, Mopani- und Teakbaumwäldern geprägt. Das Holz und die Früchte dieser Bäume haben einen hohen wirtschaftlichen Nutzen. Über 65 % der Landesfläche besteht aus Wald und etwa ein Viertel des Landes sind kultivierte Anbauflächen. Unter dem Schutz von Nationalparks, Waldreservaten und Botanischen Gärten stehen 15 % des Landes, während kommunal gemanagte Wildtiergebiete etwa 17 % ausmachen.

Schätzungen ergeben, dass die Elefantenpopulation in Simbabwe derzeit das Zweifache der ökologisch vertretbaren Kapazität des Landes beträgt.

Zu KAZA gehörende Gebiete sind:

- der Hwange-Nationalpark,
- der Zambezi-Nationalpark,
- der Victoria-Falls-Nationalpark,
- der Kazuma-Pan-Nationalpark,
- der Chizarira-Nationalpark,
- der Matusadona-Nationalpark und
- die Safarigebiete von Matetsi, Deka, Chete Chirisa und Charara.

Die Nationalparks

Sanft und gemächlich fließt er dahin, Afrikas viertgrößter Fluss, der mächtige Sambesi, bis er an Geschwindigkeit aufnimmt und sich tosend zwischen Sambia und Simbabwe auf einer Breite von 1,6 km in eine hundert Meter tiefe Schlucht stürzt. Die dabei aufgewirbelte Gischt ist oberhalb der Fälle noch aus 50 km Entfernung zu sehen und das Getöse der Wassermassen ist von weitem zu hören. Mosi-oatunya, der donnernde Rauch, haben die Einheimischen die Viktoriafälle daher benannt. Der Missionar und Entdecker David Livingstone aber bezeichnete sie nach der britischen Königin Victoria, nachdem er 1855 mutmaßlich der erste Europäer war, der die rauschenden Wasserfälle erblickte. In den Sommermonaten von Februar bis April führt der Sambesi etwa die zehnfache Wassermenge der Wintermonate. Der Blick von verschiedenen Aussichtspunkten auf das Weltnaturerbe ist dann oftmals durch die Gischt vernebelt, die an manchen Stellen wie Regen wieder auf den Besucher herunterprasselt. Im Winter bieten die Wasserfälle nicht mehr den Eindruck eines durchgängigen Vorhangs, sondern vereinzeln sich auf zahlreiche, dünnere Fälle. Tropischer Regenwald, der in Simbabwe ansonsten kaum vorkommt, umgibt

die spektakuläre Schlucht. Westlich des 23 km² großen Parks liegt der Zambezi-Nationalpark, der sich am Sambesi entlangstreckt und Elefanten, Büffel, Löwen, Giraffen, Kudu, Wasserböcke, Nilpferde und Krokodile beherbergt. Die Wildtiere können von diesem Schutzgebiet aus sowohl in die Nationalparks Kazuma Pan und Hwange wie auch in das Reservat Matetsi migrieren.

Der Hwange-Nationalpark ist mit 14 000 km² das größte Schutzgebiet in Simbabwe. Er ist nach dem Chief einer Volksgruppe benannt. Der Park grenzt ohne Zaun an Botswana, was tausenden Elefanten die Migration über die Grenze ermöglicht. Sechzig künstliche Wasserlöcher bieten auch in den trockenen Wintermonaten Trinkmöglichkeiten für die Wildtiere. Hwange beherbergt Nashörner und eine bedeutsame Population der afrikanischen Wildhunde. Sowohl Spießböcke als auch Braune Hyänen kommen in größeren Populationen vor.

Der Matusadona-Nationalpark liegt am südlichen Ufer des riesigen Karibasees. Dieser See staut seit 1958 die Wassermassen des Sambesi und misst 280 km in der Länge und 32 km in der Breite. Einheimische erzählen, der See habe einen alten Elefantenpfad geflutet. Manche Elefanten erinnerten sich daran, so dass sich noch heute schwimmende Elefanten im Karibasee beobachten lassen. Das Wasser wimmelt von kampfeslustigen Tigerfischen und Krokodilen. Nilpferde, Büffel, Wasserböcke, Rappen- und Pferdeantilopen, Kudu, Impala, Löwen und Nashörner lassen sich beobachten. Der Matusadona-Park umfasst 1407 km². Althergebrachte Wildtierrouten führen von Botswana über den Hwange-Nationalpark hierher.

Campfire: die Mutter aller Conservancies

Der Begriff CAMPFIRE steht sowohl für einen gemeinnützigen Verband wie auch für ein Gedankengut, das einem Regierungsprogramm mit der englischen Bezeichnung „Community Areas Management Programme for Indigenous Resources“ zugrunde liegt. Es zielt auf die Entwicklung ländlicher Gegenden ab. Ausschlaggebend für diese Initiative war eine Situation in den 1970er Jahren, die sich folgendermaßen beschreiben lässt: Viele der ländlichen Einheimischen in Simbabwe lebten als Ackerbauern und Jäger, um sich und ihre Familie zu ernähren. Staatliche Beamte sprachen eines Tages ein Verbot aus, die Jagdgebiete zu betreten, da sie zu einem Nationalpark erklärt worden waren. Die Jagd wurde fortan als Wilderei hart bestraft. Bewaffnete Uniformierte verliehen diesem Verbot Nachdruck. Bauern wurden über Nacht zu Wilderern und Gesetzesbrechern, wenn sie in einem neu deklarierten Nationalpark oder Naturschutzgebiet das taten, was sie seit Generationen getan hatten: jagen, Felder bestellen, Holz sammeln, Kräuter und Beeren pflücken. Für die Subsistenzbauern stellten die Parks mitsamt den Wildtieren einen Angriff auf ihre Lebensgrundlage dar. Organisierte Wildererbanden, die mit Elfenbein und Hörnern von Nashör-

nern riesige Gewinne machten, fanden somit sehr leicht Verbündete in den an die Parks angrenzenden Gebieten, welche sie an die richtigen Stellen führten, um möglichst viele Tiere erlegen zu können.

Zudem versuchten die Bauern regelmäßig, ihre landwirtschaftlichen Flächen in die Parks auszudehnen. Gegenüber den überforderten Staatsbeamten, die mit schlechter Ausstattung riesige Flächen zu schützen hatten, gelang dies oftmals. Viele der deklarierten Parks degenerierten deshalb zu sogenannten „Paper-Parks“: Nationalparks, die nur auf dem Papier bestanden.

In Simbabwe verfolgte die Regierung aus diesen Gründen seit dem Jahr 1989 einen anderen Ansatz. CAMPFIRE wurde geboren. Dahinter stand die Auffassung, Dorfbewohner müssten einen direkten Nutzen aus den Wildtieren und Nationalparks ziehen, um ihren Frieden mit ihnen zu machen und nachhaltig mit der Natur umzugehen. Da die Menschen einen hohen Preis für den Erhalt der Natur zahlten, sollten ihnen auch die Gewinne daraus zustehen. Dazu ging die Managementhoheit über die natürlichen Ressourcen wie Wasser, Wild, Weide und Wald zu einem großen Teil vom Staat an die Gemeinden über. Da sich die Nutzung von Wildtieren bald als allen anderen genannten Nutzungsformen überlegen erwies, wurde CAMPFIRE mit der Zeit ein reiner dörflicher Managementansatz für Wildtiere. Im Kern lief dieses Konzept darauf hinaus, dass Gemeinden die Hälfte der Erlöse aus der Trophäenjagd erhielten. Ein Großteil davon wurde genutzt, um kommunale Wildhüter zu bezahlen und gemeindliche Schutzgebiete zu unterhalten. Auf diese Art und Weise hatten Wildtiere für die Menschen erstmals einen ansehnlichen Wert, der weit über dem des Fleisches des Tieres (das den Gemeinden nach dem Erlegen des Tieres ebenfalls zustand) lag und ein beträchtliches Zusatzeinkommen bedeutete, welches mit dem Ackerbau nicht zu erzielen war. Etwa 90 % der Einnahmen der CAMPFIRE-Distrikte stammen aus der Trophäenjagd.

Über die Jahre, in denen die CAMPFIRE-Bewegung in Simbabwe wuchs, führte dies zu einer erneuten Umkehrung der Verhältnisse. Aus Wilderern wurden dörfliche Wildhüter oder Tourismusführer und aus den unbeliebten Parkrangern wurden Partner der Gemeinden. Die Nationalparks waren nun Vermehrungsgebiete von Wildtieren, mit denen man über die Vergabe von Jagdlizenzen an Safari-Anbieter viel Geld verdienen konnte. Die Grundlage für diesen im Kern erfolgreichen Ansatz war ein sehr schmerzhafter Prozess für den Staatsapparat, in dem er Macht und Einnahmequellen an die eigene Bevölkerung abgab. Dies mag einer der Gründe dafür sein, dass sich dieser Ansatz erst sehr langsam und in unterschiedlicher Ausprägung im südlichen Afrika durchsetzt. Den größten Fortschritt weist die Umsetzung in Namibia auf. Dort spricht man von Conservancies, aber man kann durchaus sagen, dass sich viele Elemente des CAMPFIRE- Ansatzes darin wiederfinden und dass dieser in Namibia eine Weiterentwicklung erfahren hat.

Sambia

Fakten zum Land

Der Name Sambia leitet sich vom Fluss Sambesi ab, der im nordwestlichen Winkel des Landes entspringt, dann über einige hundert Kilometer durch Angola fließt, wieder nach Sambia zurückkehrt und sich in dessen Süden die Viktoriafälle hinabstürzt. Sambia ist seit Jahrhunderten von zahlreichen schwarzafrikanischen Stämmen, Königreichen und Volksgruppen bevölkert, die noch heute seine Gesellschaft prägen. Von den Europäern wurde Sambia vergleichsweise spät beeinflusst. Erst in der Mitte des neunzehnten Jahrhunderts drangen sie in das Binnenland vor, angetrieben einerseits von missionarischem Eifer und andererseits von der Suche nach Bodenschätzen. Unter ihnen war der für seine Reiseberichte berühmt gewordene David Livingstone, dessen Name Pate stand für die Stadt Livingstone. Unter der Federführung des Engländers Cecil Rhodes und seiner Gesellschaft BSAC (British South Africa Company) wurde das Land zu einem britischen Protektorat namens Nordrhodesien und 1924 zu einer Kolonie Großbritanniens, die von 1953 bis 1964 gemeinsam mit Südrhodesien, dem heutigen Simbabwe, und mit dem Njassaland – heute Malawi – die zentralafrikanische Föderation bildete. Dem späteren Präsidenten Kenneth Kaunda gelang es 1964, die verschiedenen Volksgruppen zu einen und gemeinsam die Unabhängigkeit zu erstreiten. Die Republik erhielt den Namen Sambia. Siebenundzwanzig Jahre lang war Kaunda die führende politische Größe, etablierte jedoch unter anderem ein Einparteien-System, das 1991 unter großem Druck der Bevölkerung der Mehr-Parteien-Demokratie weichen musste.

Dass es in Sambia schon vor mindestens 125 000 Jahren Menschen gab, belegt ein berühmtes fossiles Fundstück, das 1921 in einem Bergwerk bei Kabwe gefunden wurde: *Homo rhodesiensis*, ein menschlicher Schädel (engl. Broken Hill Skull). Sambia vereint zahlreiche Kulturen und im Land werden über siebzig Sprachen und Dialekte, zumeist Bantusprachen wie Bemba oder Nyanja, gesprochen.

Sambia ist reich an Bodenschätzen, insbesondere ist hier Kupfer zu nennen. Es wird vor allem in der nordwestlichen Region, dem Copperbelt, gefördert. Die Wirtschaft des Landes wird seit dem erstmaligen Fund dieses Metalls in den 1920er Jahren so stark vom Kupferabbau dominiert, dass sinkende Kupferpreise am Weltmarkt das Land in den 1970er Jahren in eine Verschuldungskrise und die Bevölkerung weiter in die Armut trieben. Als eines der am höchsten verschuldeten, armen Länder der Welt erhielt Sambia im Jahr 2005 einen beträchtlichen Teil seiner Auslandsschulden erlassen. Die danach steigenden Kupferpreise haben zu einem Wachstum der Wirtschaft geführt. Noch steuert der Tourismus nur einen kleinen Teil zum Bruttosozialprodukt bei, soll aber zur Diversifikation der Wirtschaft auf nachhaltiger Basis ausgebaut werden.

REE SISTERS
INN
BOTTLE STORE

CHILANGA CEMENT
FAM
ENTERPRISE
CEMENT CENTRE
I.M.
NEW CUT PRICE

ILY
NERAL DEALERS SHOP
KANDO
CHRISTINE'S BOUTIQUE/SALON
MITSUBISHI

Die Mehrzahl der Sambier lebt von der Subsistenzlandwirtschaft. Mit einer Fläche von 743 390 km^2, unterteilt in neun Provinzen, ist Sambia größer als sein Nachbar Botswana und deutlich kleiner als das westlich gelegene Angola. 12,9 Millionen Einwohner leben in Sambia, davon über 10 % in der südöstlich gelegenen Hauptstadt Lusaka und fast ebenso viele im Copperbelt. Von den fünf an KAZA beteiligten Ländern ist Sambia das Land mit dem höchsten Anteil an ländlicher Bevölkerung (64 %).

Sambia liegt auf einer waldreichen, von den Flüssen Sambesi und Kafue durchschnittenen Hochebene. Aus der Wasserkraft dieser beiden Flüsse wird die elektrische Energie des Landes gewonnen. Knapp 40 % der Landesfläche sind von Johannisbrotgewächsen dominiert und gehören damit dem typischen, tropischen Ökosystem des Miombo-Woodlands an. Es gibt neunzehn Nationalparks, jedoch ist es in fünf davon nicht gelungen, die Wildtiere zu erhalten. Die Nationalparks summieren sich zu 8 % der Landesfläche auf. Sie sind größtenteils von Game Management Areas oder Waldreservaten umgeben. Die Wildmanagement-Gebiete machen 23 % des Landes, Waldreservate weitere 7 % aus.[14] Weit über 30 % des Landes stehen damit unter der einen oder anderen Form des Schutzes.

Noch gibt es für Sambia erheblichen Handlungsbedarf und es sind vielfältige Weiterentwicklungen nötig. Es mangelt dem Land an den Mitteln und der Ausrüstung, um vor allem seine südöstlichen Schutzgebiete vor der Wilderei zu bewahren. Mancher Park wie der Sioma Ngwezi kann in der Regenzeit nicht oder nur sehr schlecht befahren werden. Tourismus findet nur sporadisch statt und regelmäßige Einnahmen für die Bevölkerung lassen sich daraus noch nicht generieren.

Zu KAZA gehörende Schutzgebiete sind

- der Kafue-Nationalpark,
- der Sioma-Ngwezi-Nationalpark,
- der Mosi-oa-Tunya-Nationalpark (sambische Seite der Viktoriafälle),
- Teile des Sesheke-Distrikts und
- die West Zambezi-Game Management Area, die den Sioma-Ngwezi-Nationalpark umgibt.

Kuomboka

Im Westen von Sambia, im Barotseland, wird jährlich eine Zeremonie namens Kuomboka gefeiert, die zur Touristenattraktion geworden ist. Feierlich begehen die Lozi ihren traditionellen Umzug von ihrer Hauptstadt Lealui, die im Frühjahr von den Fluten des Sambesi überschwemmt wird, in die höhergelegene Residenz Limulunga. Der König der Lozi, der sogenannte Litunga, entscheidet über den Zeitpunkt des Umzugs, der mit lautem Trommeln angekündigt wird und per Boot stattfindet.

Die Nationalparks

Im Südwesten Sambias liegen die beiden noch weitgehend unerschlossenen Gebiete des Sioma Ngwezi und der Ngonye-Fälle. Wärend Sioma Ngwezi ein durch den Staat Sambia deklarierter Nationalpark ist, hat das Gebiet um die nahe gelegenen, spektakulären Ngonye-Wasserfälle noch keinen besonderen Schutzstatus (Stand März 2012). Da die Fälle jedoch durch ihren besonderen Wildnischarakter bestechen und die Heimat vieler Tierarten sind, ist es vorgesehen, das Gebiet touristisch zu entwickeln und mit dem Sioma-Ngwezi-Nationalpark zu verbinden. Dieser Park ist ein wichtiger Teil des Migrationskorridors der Elefanten und Gnus aus Botswana und Namibia, da er direkt an den Staatsgrenzen zu Angola und Namibia liegt. Er ist nicht umzäunt und von dem Westsambesi-Wildtierreservat umgeben. Weite Teile des Reservats sollen in den Nationalpark eingebunden werden um die Korridore, die weiter in den Kafue-Nationalpark führen, besser zu schützen. Abgesehen von Zeltplätzen bietet der Sioma Ngwezi bisher noch keine touristischen Einrichtungen. Er beherbergt Elefanten, Rappen- und Pferdeantilopen, Puku, Impala, Zebras und Kudu sowie Geparden. Der noch junge Trans-Caprivi Highway und die Brücke von Katima Mulilo erleichtern den Zugang zum Park.

Der Kafue-Nationalpark ist mit einer Fläche von 22 400 km^2 der größte Nationalpark in Sambia und der zweitgrößte Park in Afrika.

Die dörflichen Wildmanagement-Gebiete

Die dörflichen Wildmanagement-Gebiete, in denen geschätzte 1,5 Millionen Sambier leben, heißen in Sambia Game Management Areas (GMA). Sie sind formal mit den Conservancies in Namibia vergleichbar. Als Puffer gegen illegale Nutzung und Wilderei liegen sie in den Trägerzonen der Nationalparks. Das größte Gebiet, die West Zambezi-GMA, befindet sich im Südwesten am Sioma-Ngwezi-Nationalpark und hat eine Fläche von 35 000 km^2. In der Kernzone von KAZA gelegen, hat es eine herausragende strategische Bedeutung für die Migration von Elefanten aus Botswana zum Kafue-Nationalpark.

Bisher leistet das System der GMA in Sambia noch nicht den gleichen Beitrag zur Erhaltung der Biodiversität und der Stabilisierung der Wildtierbestände, wie es in Simbabwe vor der politischen Krise der Fall war, und in Botswana sowie vor allem in Namibia heute der Fall ist.

Im Wesentlichen gibt es dafür drei Gründe. Zum einen obliegt die Verantwortung für die GMA der halbstaatlichen Parkmanagementgesellschaft ZAWA (Zambia Wildlife Authority), die 1999 gegründet wurde, in Gemeinschaft mit den sogenannten Community Resource Boards (CRB), die die lokale Bevölkerung und traditionelle Führer in das Management mit einbinden. Die Rechte an der selbstbestimmten

Nutzung der natürlichen Ressourcen sind daher den Gemeinden nicht in der weitreichenden Form wie in Namibia und Botswana übertragen.

Zum anderen sind die Nationalparks in Sambia weniger wildreich als jene in Botswana und Namibia. Daher erzielt die Bevölkerung, obwohl sie sowohl laut Gesetz als auch in der Praxis einen fairen Anteil an den Einnahmen aus der Trophäenjagd und der Vergabe von Jagdlizenzen erhält, nur geringe Einkünfte. Es mangelt noch an ausreichend jagdbarem Wild und an touristischen Attraktionen.

Drittens ist es Sambia bisher nicht gelungen, geeignete, auch gesetzliche, Rahmenbedingungen zu schaffen, um den touristischen Privatsektor zur Errichtung von Lodges oder Camps in oder an den Nationalparks zu motivieren.

Im Rahmen des KAZA-Vorhabens wird an der aufgeführten Problematik gearbeitet, um auch in Sambia Bedingungen zu schaffen, die aus den GMA ähnliche Erfolgsgeschichten werden lassen, wie es die CAMPFIRE-Bewegung in Simbabwe und die Conservancies in Namibia sind.

Angola

Fakten zum Land

Im Jahre 1482 landeten die ersten Portugiesen an der angolanischen Küste, die zur damaligen Zeit dem Königreich Kongo angehörte. Südlich davon lag das Königreich Ndongo, regiert von dem sogenannten Ngola. Auf diesem Wort, das König bedeutet, basiert der heutige Name des Landes. Portugals Hauptinteresse an jenem Landstrich, den es sich später als Kolonie aneignete, war der Sklavenhandel. Bis zum Ende des neunzehnten Jahrhunderts wurden zehntausende Menschen aus Angola auf die portugiesischen Zuckerplantagen in die Karibik, nach Brasilien oder nach Amerika verschifft. Ab 1960 kämpften drei nationalistische Bewegungen für die Eigenstaatlichkeit Angolas: die MPLA (Popular Movement for the Liberation of Angola), die FNLA (National Front for the Liberation of Angola) und die UNITA (National Union for the Total Independence of Angola). Die Nelkenrevolution in Portugal, ein Aufstand portugiesischer Armeeangehöriger gegen die Diktatur, brachte 1975 für Angola schließlich das Ende der Kolonialherrschaft. Da jedoch alle drei Widerstandsgruppen die Regierungsmacht für sich beanspruchten, brach im gleichen Jahr ein Bürgerkrieg aus. Daraus erwuchs ein internationaler Konflikt, denn aus diversen politischen Interessen schalteten sich Südafrika, die USA, Zaire und Kuba ein. Kuba entsandte zur Unterstützung der kurzzeitig regierenden MPLA Truppen nach Angola, während Südafrikas Streitkräfte an der Seite der UNITA kämpften und die Stützpunkte der namibischen Unabhängigkeitsbewegung, die im südlichen Angola Unterschlupf gefunden hatte, auszuheben trachteten. Doch auch nach dem Abzug der Streitkräfte beider Staaten aus dem Land, dauerte der Bürgerkrieg, von nur wenigen Phasen des Waffenstillstands abgesehen, bis zum Tod des Anführers der UNITA in 2002 an. 2008 fanden schließlich wieder Regierungswahlen statt, die von der MPLA gewonnen wurden. Nur langsam erholt sich Angola von dem Schaden, der durch seinen 27-jährigen Bürgerkrieg entstanden ist.

Die Bevölkerung, die im Wesentlichen aus den bantusprachlichen Volksgruppen der Umbundu, Kimbundu und Kikongo besteht, ist die jüngste der fünf KAZA-Länder. Fast jeder zweite der über 19 Millionen Angolaner ist unter 15 Jahre alt. Die Mehrzahl der Einwohner konzentriert sich auf den 1650 km langen, atlantischen Küstenbereich im Westen und auf urbane Bezirke. Jeder dritte Angolaner wohnt in der Haupstadt Luanda, während der Osten des Landes deutlich weniger dicht besiedelt ist. 41 % der Menschen leben auf dem Land.

Angola ist eines der beiden großen Ölförderländer Afrikas. Rohöl macht etwa die Hälfte des Bruttosozialproduktes und beinahe den gesamten Export aus. Zudem verfügt das Land über noch kaum ausgeschöpfte Gasreserven, Gold- und Diamantenvorkommen. Die Landwirtschaft wird seit dem

Bürgerkrieg vorwiegend als Subsistenzanbau betrieben, über den sich ein Großteil der Bevölkerung seine Existenzgrundlage sichert.

Angola ist das flächenmäßig größte Land der fünf an KAZA beteiligten Staaten. Von der Niederung an der atlantischen Küste steigt es zum Landesinneren hin in ein bergiges Hochland an. Seine 1,24 Millionen km², der Reichtum an Wasser und die unterschiedlichen klimatischen Bedingungen tragen zu mannigfachen Biomen bei. 275 Säugetiere und 872 Vogelarten wurden in Angola gezählt.[15] Jedoch gelten beispielsweise 18 % der Säugetiere als gefährdet, darunter der afrikanische Wildhund, der Gepard, das Spitzmaulnashorn, Zebras und Giraffen. Die Gründe reichen von unzureichenden Schutzmaßnahmen über die Armut der Bevölkerung und das schnelle Bevölkerungswachstum bis hin zu Wilderei, illegalem Schmuggel und den Landminen, die noch aus dem Bürgerkrieg stammen.

Angola ist ein Land der biologischen Vielfalt. Es wird geschätzt, dass es allein über 1200 endemische Pflanzenarten beherbergt. Unter den endemischen Tierarten ist besonders die seltene Riesen-Rappenantilope (*Hippotragus niger variani*) mit ihren außerordentlich langen, gebogenen Hörnern hervorzuheben, die in Angola besonders verehrt wird. Der Spitzname der angolanischen Fußballnationalmannschaft stammt von ihrem portugiesischem Namen: Palancas negras. Die Befürchtung, dass diese Antilope in den Zeiten des Bürgerkriegs ausgerottet wurde, hat sich glücklicherweise nicht bestätigt.[16] Sie ist eine Unterart der gefährdeten Rappenantilope (*Hippotragus niger*), die unter anderem im KAZA-Territorium beheimatet ist.

6,6 % der Landesfläche sind als Naturschutzgebiete deklariert. Das Management dieser Schutzgebiete entspricht jedoch derzeit bei weitem noch nicht dem Standard der KAZA-Partnerstaaten. Es fehlt an effizienten Verwaltungsstrukturen und deren Koordination, an der nötigen Basisinfrastruktur, der Ausstattung und vor allem an gut ausgebildetem Personal. So verwundert es nicht, dass sich in einigen Schutzgebieten Farmer niedergelassen haben, um den Boden landwirtschaftlich zu nutzen und der Waldreichtum Angolas durch Abholzung bedroht ist.

Die zu KAZA gehörenden Landstriche liegen im Südosten des Landes in der Provinz Kuando Kubango. Laubabwerfende Wälder, Savannen und Miombo-Dickichte dominiert von der Gattung *Brachystegia bakerana* herrschen in dieser am wenigsten besiedelten und entwickelten Provinz vor.
Die für KAZA relevanten Schutzgebiete machen eine Fläche von 87 000 km² aus und sind damit größer als der gesamte Freistaat Bayern. Sie umfassen

- Mavinga Partial Reserve (5950 km²),
- Luiana Partial Reserve (8400 km²),

- Longa-Mavinga Game Reserve (26 200 km^2),
- Luengué Game Reserve (13 800 km^2),
- Mucusso Game Reserve (21 250 km^2) und
- Luiana Game Reserve (11 400 km^2).

Angola steht noch ganz am Anfang der Integration in das KAZA-Gebiet. Der Mangel an grundlegender Infrastruktur muss beseitigt werden, damit die Reservate für Touristen geöffnet werden können. Zudem ist Angolas Regierung gegenwärtig intensiv damit beschäftigt die wichtigsten Gebiete in den Reservaten von Landminen zu befreien. Die oben genannten Reservate wurden 2012 von Präsident dos Santos, der sich ausdrücklich zur KAZA-Idee bekennt, zu Nationalparks erklärt und bilden für KAZA wichtige Wildtierkorridore. Besonders das Dreiländereck im äußersten Südosten Angolas ist von eminenter Bedeutung für die Wildwanderungen, denn es verbindet den Sioma-Ngwezi-Nationalpark in Sambia mit dem Bwabwata-Nationalpark in Namibia. Der nun erhöhte Schutzstatus dieses Gebietes bietet eine gute Grundlage, um der Fragmentierung der Wildtierhabitate entgegenzuwirken. Die Parks fallen unter die Verantwortung des Ministeriums für Landwirtschaft, das die Jagdlizenzen an Privatunternehmen ausstellt. Verantwortlich für die internationale Zusammenarbeit und den Ausbau der Parks im Rahmen von KAZA ist das Tourismusministerium. Es gibt also verschiedene Mitwirkende für das Ziel, das Luiana-Gebiet für den Ökotourismus auszubauen. Um deren Aktivitäten zu koordinieren hat der Staatspräsident eine Sonderbeauftragte für KAZA eingesetzt, die den Integrations- und Ausbauprozess sehr dynamisch vorantreibt. Bis die ersten Touristen den angolanischen Teil von KAZA betreten, dürften aber nach Expertenmeinungen noch zwei bis drei Jahre vergehen. Allerdings zeigt die Arbeitserfahrung mit den Angolanern: Wenn etwas tatsächlich gewollt ist, dann können in Angola die Dinge in Rekordzeit passieren.

Die Länder im tabellarischen Vergleich

Indikator	Botswana	Angola	Namibia	Simbabwe	Sambia
Fläche in km²	566 730	1 246 700	823 290	386 850	74 390
Einwohnerzahl	1 981 576	18 555 115	2 242 078	12 473 992	12 723 746
Einwohnerdichte pro km²	3,5	13,9	2,7	32,2	17,1
Prozentsatz ländlicher Bevölkerung	39,7	42,4	62,6	62,2	64,4
Prozentsatz städtischer Bevölkerung	60,3	57,6	37,4	37,8	35,6
Prozentsatz HIV-Infektion 15 – 49jähriger	24,8	2,0	13,1	14,3	13,5
Prozentsatz der Bevölkerung unter 15 Jahren	32,9	46,9	36,9	39,3	46,3
Bevölkerungszahl der größten Stadt	195 894	4 510 690	341 722	1 606 256	1 412 588
Prozentsatz landwirtschaftlicher Fläche an Landesfläche	45,6	46,8	47,1	–	31,5
Prozentsatz der Bevölkerung mit Zugang zur Elektrizität	45,4	26,2	34,0	41,5	18,8
Mobilfunkgeräte pro 100 Einwohner	94,6	43,7	54,3	24,0	34,6
Alphabetisierungsrate über 15jähriger	84,1	70,0	88,5	91,9	70,9
Pro-Kopf-Einkommen in US-Dollar	5790	4069	4096	468	1006
Anteil der Landwirtschaft am Bruttosozialprodukt	3,1	10,2	9,4	17,9	21,6
Anteil des internationalen Tourismus am Export	10,9	1,3	11,6	–	2,1

Quelle: Weltbank/Stand 2009.

Anmerkungen

1 vgl. hierzu Richard B. Lee, Robert K. Hitchcock: „African Hunter-Gatherers: Survival, History and the Politics of Identity", African Study Monographs, S. 257–280, März 2001

2 IUCN, Parks on the Borderline: Experience in Transfrontier Conservation, 1990

3 SADC, The Protocol on Wildlife Conservation and Law Enforcement, Maputo, 1999, S. 4

4 Der Titel der Studie der Weltbank von 1996 lautet: Transfrontier Conservation Areas Pilot and Institutional Strengthening Project

5 siehe www.peaceparks.org, Stand: 19. März 2012

6 vgl. Strohbach, M. & Cole, D.: Population Dynamics and Sustainable Harvesting of the Medicinal Plant Harpagophytum procumbens in Namibia, Bundesamt für Naturschutz, 2007, S. 10

7 vgl. Child, Graham: Elephant Culling in Zimbabwe, ZIMCONSERVATION OPINION, August 2004, S. 3

8 SAVE wurde von dem deutschen Unternehmer Lars Gorschlüter gegründet und ist in weltweiten Projekten, unter anderen auch im südlichen Afrika, aktiv. Siehe www.save-wildlife.com.

9 Caroline Hawley: Uprising in the Caprivi, BBC, 4. August 1999; http://news.bbc.co.uk/2/hi/africa/411031.stm, Download am 13. Februar 2012

10 vgl. Institute of Economics and Peace: Global Peace Index, 2011, S. 8

11 vgl. Chase, Michael: View from the Top, in: Africa Geographic, August 2012, S. 39–47

12 vgl. Botswana Government, Botswana Fourth National Report to the Convention of Biological Diversity, Mai 2009, S. 41

13 vgl. Ramberg, Lars und andere: Species diversity of the Okavango Delta, Botswana, in: Aquatic Sciences Nr. 68, 2006, S. 310–337, S. 311

14 vgl. Republic of Zambia, Fourth National Report, 2009, S. ii

15 vgl. Ministry of Urban Affairs and Environment: National Biodiversity Stragety and Action Plan, 2006, S. 5

16 siehe http://plusnews.irinnews.org: Angola: Rare Sable Antilope survives the war, Download am 10.02.2012

Zu den Bildern